살 만큼 살았다는
보통의 착각

살 만큼 살았다는

보통의 착각

이근후 지음

나이가 들수록
세상이 두려워지는
당신에게 _____

가디언

차례

1장   나이가 들기 전에 알았으면 더 좋았을 것을
깨달음이 주는 가치

4장   알지만, 알지 못하는 것들
나를 성장시키는 생각

5장   애쓰지 않아도 괜찮다
내면의 자유를 위하여

노년의 청춘 수업

나는 30대 때부터 당시 유행하던 노인 대학에 출강하여 노인의 정신 건강에 대해 강의했다. 지금 생각하면 참 죄송한 일이다. 늙어 본 적도 없고 노인 심리나 행동을 경험해 본 적도 없는 사람이 이론만으로 강의에 임했으니 말이다. 그때 나에게 강의를 들었던 어르신들은 나를 어떻게 생각했을까? 만약 좋은 생각을 했다면 어떻게 저런 젊은 사람이 노인에 대해 이렇게 잘 이야기할 수 있을까, 생각했겠지만 나쁘게 생각하는 분들은 새파란 젊은 나이에 무엇을 안다고 노인의 정신 건강이 어쩌고저쩌고 하는지 격에 맞지 않는다며 못마땅했을 것 같다.

이제 노인이 되고 나니, 젊은 사람들이 나이 든 사람에 관한 이러쿵저러쿵하는 강연 내용을 듣다 보면 위에 말한 두 가지 감정이 혼재되어 나타난다. 때로는 너희들 늙어 봤어 나는 젊어 봤어, 라는 생각으로 나무람이 앞서는 생각도 있고, 달리는 IT 시대를 맞아 노인들이 적응해야 할 가이드 라인이라도 들려주면 고맙기도 하다는 생각도 있다.

옛날에는 노인이라면 공경받고 지냈던 시절도 있었는데 지금은 사회적인 문제로까지 번진 장애물 정도로 취급하는 사람들도 생겨났다. 이런 사회적인 경향에 문득 프랑스의 시몬 드 보부아르Simone de Beauvoir(1908~1989)가 생각난다. 그는 작가이자 철학자이고 여성운동가로서 많은 공헌을 남긴 분이다. 그는 사르트르와 계약 결혼을 한 것처럼 아무도 생각지도 못한 선구적인 삶을 살아온 분이다. 그의 저서 중 1970년에 출간되어 우리나라에선 2002년에 『노년』이라는 제목으로 번역본이 나온 것이 있다. 미래를 내다보고 쓴 노인 문제에 관한 책이지만 지금 우리 사회를 돌아보면 그의 예언적인 글들이 지금 우리 사회에서 일어나고 있으니 그의 통찰력이 대단하다.

책 내용 중 한 가지를 소개하면 보부아르는 그의 저서에서 노년에 대해 다음과 같이 썼다. "팽창과 풍요의 여러 신화 뒤에 몸을 숨기는 소비사회는 노인들을 천민계급으로 취급한다." 이 말은 노인들이 경제력도 잃고 사회적인 역할도 잃고, 건강도 잃고 해서 요양원에 누워 죽음을 기다리는 그런 모습을 생각하면서 썼을 법한 문장이다. 그런 생각이 바탕이었다면 백번 옳은 말씀이다. 그러나 내 생각은 조금 다르다. 지금 우리 사회는 오히려 건강을 잘 유지하고 사회경제적인 앞가림도 잘하고 청장년들에게 모델이 될 만한 삶을 사는 분도 많다.

이런 의미에서 보부아르가 주장한 노인의 정체성은 사회가 규정해 준다는 말에 다른 생각을 가진 것이다.

이제는 젊은 나이부터 자기 관리를 잘하여 나이가 들어도 나름의 정체성 있는 삶을 살아갈 수 있다. 앞서 말했듯이 늙어 본 적이 없는 사람은 젊어 본 적 있는 사람의 말에 귀 기울여 볼 필요가 있다. 롤모델로 삼을 만한 인생 선배가 있다는 것은 삶의 커다란 길잡이가 되어 주는 든든한 안내자를 둔 것이나 다름없다.

한편으로 조금 더 인생을 살았다는 이유로 생각을 바꿀 생각도 없고 살아 있는 시체마냥 몸이 아프다며 살 만큼 다 살았으니 빨리 세상을 뜨겠다는 식의 태도는 자신의 지난날을 부정하고 주변 사람들에게 악영향을 끼치는 '늙은이' 신세를 자처하는 꼴이다.

죽기 전까지 늦은 것이란 없다. 올바른 자의식을 가지고 하루하루를 소중히 여기는 마음으로 곁에 있는 사람들의 본보기가 되어 살아간다면 죽을 때까지 빛나는 인생을 누릴 수 있다.

그런 뜻에서 건강한 노인이 정체감을 가지고 살아가는 인구가 더 많아진다면 사회가 몰아붙이는 노인에 대한 천민 의식은 자연히 도태되고 말 것이다. 이런 생각으로 나 자신도 노력하지만, 남녀노소 할 것 없이 모두가 합심한다면 미래 노인들은 사회적 천민으로부터 자연스럽게 벗어날 수 있지 않을까라는 생각을 바탕으로 이 책을 썼다.

나는 이 책을 입으로 썼다. 시력 장애가 있어 컴퓨터 자판을 볼 수도, 쓸 수도 없기 때문이다. 다행히 장애인 요양보호사 선생을 만나 내가 입으로 구술하면 선생님이 받아 적어 쓰고 그 쓴 내용을 다시 나에게 읽어 주면 내가 글을 다듬고 첨삭하여 한 편의 글을 완성한다. 이 책은 그렇게 이루어진 첫번째 책이다. 지금까지 내가 살아오면서 인연 지어졌던 모든 분 그리고 앞으로 이 책을 통하여 새로운 인연으로 만날 많은 독자분과 함께하길 바란다.

이 책을 읽는 모든 이가 자기 나름대로 앞가림하면서 미래를 준비했으면 하는 마음이다. 이 책이 나오기까지 내 눈의 지팡이가 되어 준 장애인 요양보호사 민병인 선생님께 거듭, 거듭 감사드리면서 서문에 대신한다.

2021년 11월
이근후

1장

나이가 들기 전에
알았으면 더 좋았을 것을

깨달음이 주는 가치

흐름의 에스컬레이터에서
내려오지 마세요

나는 젊었을 때부터 남이 다 가지는 것을 갖지 않고 살아왔다. 사람들은 이런 나의 생활 태도를 보고 무소유의 실천자라고 추켜세웠다. 듣기 싫지는 않은 말이지만 내가 갖지 않고 사는 것과 다른 사람이 나를 보고 평가하는 것은 차이가 클 뿐아니라 이유도 맞지 않다. 좀 상세히 설명하자면 나는 살면서 가지지 않은 세 가지가 있다.

첫째, 나는 시계를 차 본 적이 없다. 그것은 사람들이 나를 평가하듯이 무소유의 행위가 아니라 시계를 차면 불편하기도 하고 예전에는 거리를 걸으면 시계가 없는 곳이 없었다. 벽시계가 붙어 있는 건물도 많았다. 실내 공간에도 들어가면 벽시계가 없는 곳이 없었다. 그리고 만약 시계가 없는 곳에서 시간을 알고 싶으면 옆 사람에게 물어보면 친절히 알려 준다. 그래서 시계의 필요성을 크게 느끼지 못했다. 시계를 차지 않았다 해서 시간을 어기거나 약속 시간에 늦어 본 적은 없다.

둘째로 내가 갖고 있지 않은 것이 손전화(핸드폰)이다. 이 역시 집에 가면 집 전화가 있고 사무실에 가면 내 전화가 있다. 그러니 다른 사람들과 소통하는 데 아무런 불편이 없다. 불편이 있다면 내가 출타해서 없을 때뿐이다. 이 또한 예전에는 거리에 나가면 공중전화 박스가 많이 있었기 때문에 핸드폰도 나에게는 절박한 것이 아니었다. 나는 일찍부터 컴퓨터에 심취하여 웬만한 일은 컴퓨터로 처리한다. 학생들 교수법도 컴퓨터를 이용했다. 핸드폰이 갖고 있는 소소한 기능을 인터넷에서 전부 해결할 수가 있었기 때문에 핸드폰의 필요성을 크게 느끼지 못했다. 그리고 집이나 사무실을 나가서는 나도 좀 쉬어야겠다고 생각한 것도 있다.

셋째, 나는 내 소유의 자가용을 가져 본 적이 없다. 처음에는 자동차를 살 경제적 여유가 없었기 때문에 갖지 않았지만 경제적 안정을 찾고 나서 차를 살 만한 여유가 생겼는데도 차를 사지 않았다. 이유는 아주 단순하다. 내가 1970년에 자동차 면허 시험을 쳤는데 합격하여 시내 주행 연습을 학원에서 받게 되었다. 내 곁에서 운전을 지도해 주시던 조교 선생님이 시내 주행을 마치고 나에게 이런 말을 했다. "선생님, 운전은 언제부터 하셨습니까?" 이것은 무슨 말인가? 내가 지금 자동차 면허 시험에 합격하여 시내 주행을 교육받고 있는데 그걸 몰라서 묻는 건가? "운전대 처음 잡아 봐요. 그래서 지금 선생님 모시고 주행 연습을 하는 겁니다"라고 대답했더니 조교 선생님은 거짓말하지 말란다. 나는 거짓말이 아니라고 말하며 왜 그런 말씀을 하는지 물어보았다. 조교 선생님의 대답은 이렇다. "선생님의 말이 사실이라면 선생님의 운전 솜씨는 굉장히 저돌적입니다." 나는 이 말을 듣고 깜짝 놀랐다. 나한테도 그런 저돌성이 있는가 한 번도 그런 생각을 하면서 살아 본 적은 없는데…. 집에 와서 그 선생님의 말씀을 곱씹어 생각을 해보니 숨겨진 저돌성이 하나하나 기억났다. 나의 이런 내면을 선생님은 어떻게 알아차렸을까? 나한테는 우회적으로 저돌적이라는 말을 썼지만 아마도 난폭 운전을 한다고 말하고 싶었을 것 같다.

나는 직업이 정신과 의사라 환자들의 말을 집중적으로 들어야 하기도 하고, 또 나 혼자 추리를 하기 위해서 여러 가지 현실적, 비현실적 공상을 많이 한다. 그런데 이런 직업을 갖고 핸들을 잡으면 어떻게 될까? 잠깐 엉뚱한 생각을 하는 동안 사고를 내기 십상이다. 그래서 그 조교 선생님의 말씀을 단번에 수용하고 그 후로 지금까지 핸들을 잡아 본 적이 없다. 좀 불편한 점은 있었지만 모임에 가면 친구들은 모두 차를 갖고 있기 때문에 가는 방향이 같은 친구에게 편승하면 된다. 내가 편승을 요청하면 모두들 흔쾌히 들어 주었다. 그러면서 꼭 한마디씩 붙였다. "이 박사, 오늘 차 안 갖고 왔어?" 내가 차를 갖고 있지 않다는 추호의 의심도 하지 않고 하는 말이다. 지금 돌아보아도 택시를 타고 이 생각 저 생각 끝없이 하다 보면 목적지에 도착했다. 만일 내가 핸들을 잡고 운전해서 다닌다면 이런 생각, 저런 생각을 자유롭게 할 수 있었을 것인가? 한 가지 자랑할 것은 있다. 1970년 이래 지금까지 나는 무사고 운전자다.

이런 고백을 했으니 지금부터라도 나보고 무소유의 실행자라고 하지 말았으면 좋겠다. 나는 이 세 가지를 안 가지고 산 탓에 지금은 불편한 점이 많다. 내 경험을 통해서 독자들에게 한 말씀 드릴 수 있다면 이거다. "지금 발전하는 에스컬레이터 위에서 절대로 내려오지 마세요." 전문가 수준은 아니더라도 흐름의 끈은 놓치지 말아야 할 것 같다. 이 끈을 놓치면 사회에서 살아가는 데 문맹자가 될 것이다.

나는 이 세 가지를 안 가진 탓에 3무 무소유자라는 별명도 들었는데 셋 중에 없어서 제일 불편한 것이 있다면 핸드폰이다. 핸드폰의 많은 기능을 내가 다 활용할 수는 없지만 아는 사람끼리 서로 전화하고 그날그날 뜨는 사회 소식도 접할 수 있기 때문에 핸드폰은 이제 없으면 불편한 존재가 되었다. 핸드폰이 없어서 불편한 또 다른 이유는 내가 나이가 많아지니까 자녀들의 걱정이 많다는 것이다. 집과 사무실에 없으면 내가 어디를 돌아다니는지 위치 확인이 어렵기 때문에 여간 불편해하지 않는다. 나는 그 점이 불편하지 않지만 자녀들의 그런 불편을 해소시켜 주기 위해서 위치 추적이라도 할 수 있도록 간단한 핸드폰은 가져 볼까 하는 생각을 한다.

핸드폰이 없어서 가장 불편한 것은 이거다. 인터넷에 들어가자면 나를 확인하는 인증 절차를 밟아야 하는 곳이 많다. 옛날에는 주민등록번호나 공인인증서 같은 것만 있으면 인터넷이 열렸는데 지금은 그 두 가지만으로 나를 인증하지 못한다. 요즘 통용되는 것이 자기 소유의 핸드폰 번호를 인증 수단으로 쓰는 것이니 내가 들어가고 싶은 사이트가 있다 하더라도 핸드폰이 없어 들어갈 수가 없다. 이게 제일 불편하다. 불편하다면 불편감을 해소하고 살아가는 것이 건강한 일인데 나는 너무 오래도록 핸드폰을 갖고 있지 않았기 때문에 새삼스럽게 핸드폰을 갖는 것이 좀 어색하고 서투르다. 이런 불편감을 해소하기 위해서 뒤늦었지만 갖고 싶다.

내가 하는 행동의 본심을 다른 사람들은 내 뜻보다는 더 높은 수준으로 해석하는 경우가 많다. 이 세 가지 3무 무소유에 대한 것도 그렇다. 이제 나이 들어 그간 모아 둔 옛날 자료들을 정리하다 보니 이건 무소유가 아니라 욕심투성이다. 그러나 의식 수준에서는 내가 욕심이 있다고 생각해 본 적은 별로 없다. 평생 마음속으로 지녔던 소망 가운데 하나는 내 방을 스님들의 선방처럼 해 놓고 사는 것이었는데 그것도 그저 꿈이었을 뿐이다. 내 거실을 보면 책장이나 소파나 기타 가구 같은 걸로 꽉 차서 내가 앉아 편히 쉴 공간이 그렇게 크지 않다. 초심은 어디로 가고 이런 잡다한 물건들이 내 주변에 쌓여 있을까? 그러고 보면 내가 참 무지하구나, 라는 생각이 든다. 내 초심은 말에 그쳤을 뿐 행동으로 실천하지 못한 것이다.

3무 무소유자라는 별명을 가진 자가 할 말은 아닌 듯하지만 나를 반면교사 삼아 '지금의 사회 흐름을 대표하는 에스컬레이터에서 내려오지 말라'고 권해 본다.

아내가 외출할 때
같이 가자고 하는 간 큰 남자

　　"남녀는 평등하다." 이런 말을 요즘 한다면 하나도 새로운 이야기가 아니다. 당연한 말이다. 하지만 지금까지 내려온 사회 관습으로는 남녀는 수평적 평등 관계가 아니라 수직적 종속 관계였다. 물론 역사적으로 보면 모계사회가 존재했을 때도 있고 부계사회가 존재할 때도 있었다. 우리나라는 조선왕조가 탄생하면서 국가적인 가치 체계를 유교를 기반으로 한 탓에 남녀가 유별하게 되었다. 남자는 남자가 하는 역할이 따로 있고 여자는 여자가 하는 역할이 따로 있었다. 그것은 당연히 양성평등적인 구분이 아니었다. 쉽게 말해서 대가족 속에서의 여성은 가부장적인 남성의 종속적인 존재로 살아야 했던 것이 당시 사회의 중심적인 가치였다.

내가 이화여자대학교에 재직할 때인 1970년대 초반에 여성학이라는 과목이 처음 개설되었다. 이 과목을 개설하기 위해 각 전공별 교수들이 모였다. 그렇게 각자의 전공과목에서 여성의 역할을 강조하고 인식하게 만드는 목적으로 개설된 과목이다. 나는 여성심리학이라는 챕터를 맡았고 교수들은 1년 동안 매달 한 번씩 모여 여성학을 다듬어 갔다.

대부분의 교수님들은 여성의 지위 향상을 위해 여성 스스로에 대한 존재 가치를 인식시키고 그들이 습득한 전문 지식을 가지고 사회에 기여할 수 있도록 만들자는 것이 목적이었다. 교수님들 가운데는 공격적인 여성학 논리를 펴는 분들도 계셨지만 자신이 경험해 온 전통적인 사회 관습에서 아직도 벗어나지 못한 교수님들도 계셨다. 그러니 매월 모여 토론하는 과정에서 격론이 벌어지지 않을 수가 없었다. 일부 여성 교수들에게 나는 너무 공격적인 내용을 담는 것은 옳지 않다고 주장했다. 어차피 사람들이 살자면 남녀가 함께 살아야 하는데 갑자기 여성들의 지위를 향상시킨다는 점을 들어 마치 남성이 여성의 적인 것처럼 인식시키는 건 잘못된 거라 역설했다. 대안으로 나는 여성학이라는 이름을 쓰지 말고 인간학이라는 제목하에서 여성학과 남성학을 함께 가르치는 것이 좋겠다고 건의했다. 이런 건의는 당시에 받아들여지지는 않았는데 그 이유는 시기상조라는 것이다. '지금 급한 것은 여성들의 자존감을 높이고 사회적인 지위를 높이는 일이다. 그렇게 해서 평등한 수평 관계를 이룰 때까지는 강경한 방법이 필요하다.' 이와 같이 역설하는 분들에게 밀려나 내 의견은 채택되지 못했다. 듣고 보면 그 말이 맞긴 맞다. 여성으로서 갖는 사회적 지위나 역할을 남녀 평등한 수준까지 올리지 않고는 인간학을 논하기는 어렵다는 것을 이해했다.

그 당시 나는 병원에서 깜짝 놀랄 만한 경험을 했다. 한 젊은 남자가 찾아와 여러 가지 갈등 상황을 호소했는데 가만히 듣고 보니 일반 가정주부들이 와서 흔히 호소하는 갈등 상황과 너무 닮아 있었기 때문에 이런 남자도 있는가 하고 놀랐다. 사연을 들어 보니 그분은 초등학교 교사이고 부인은 큰 종합병원의 간호사로 맞벌이를 하고 있었다. 그런데 첫애를 낳고 보니 아기를 돌볼 사람이 없었다. 첫해는 유모를 구하여 맡겼으나 그 비용이 만만치 않고 한 사람이 버는 월급을 모두 유모에게 주어야 해서 경제적으로 어려움이 컸다. 부부가 의논 끝에 둘 중 한 명은 직장을 그만두고 아기를 돌보는 것이 더 경제적이라는 결론을 내리고 그렇게 하기로 했다. 누가 직장을 그만둘 것인가? 월급이 적은 쪽이 그만두기로 합의를 했다. 간호사인 부인의 월급이 남편의 월급보다 많았기 때문에 부인이 직장에 그냥 나가고 살림은 남편이 맡아서 하기로 했단다. 이런 경우도 당시로서는 드문 일이라서 그의 얘기를 더 자세히

삶 만큼 삶았다는 보통의 착각

들어 보았다. 말끝마다 남편이 하는 얘기가 아니다. 보통 가정
주부들이 불만스럽게 여기면서 쌓아 두고 있던 일들을 호소하
는 것과 한 치의 다름도 없었다.

　지금은 육아를 누가 책임지든 부부가 의논해서 할 일이지
만 그 당시로서는 양육의 역할은 전적으로 엄마의 몫이니 그
부인은 양육하랴, 직장에 나가랴 슈퍼우먼이 되지 않으면 안
되었다. 그리고 당시는 직장에 나가는 여자들을 그렇게 곱게
보지는 않았던 때다. 그런 상황이 지금은 역전되어 집에만 있
는 주부가 오히려 열등감을 느낄 정도가 되었으니 여성의 권
익 신장을 실감하게 만든다. 좋은 일이다. 그럼에도 아직도 가
부장적인 사고로 자신이 여성보다 우월하다고 생각하는 남성
들이 많다. 점점 바뀌어 가는 사회적 상황을 인지는 하면서도
가부장적인 우위에 있는 자기 존재를 놓고 싶은 생각은 없는
가 보다.

　사람들 입에 많이 오르내리는 우스개 같은 '간 큰 남자' 시
리즈가 있다. 언뜻 듣기에는 참 우스운 이야기이지만 그 내용
에서 남녀가 수평적 관계로 진화하는 모습을 볼 수 있다. 간
큰 남자 시리즈를 여기에 적어 보면서 나는 간 큰 남자인가,
간이 작은 남자인가 스스로 체크를 해 본다. 이것은 나를 객관
화해서 반성하는 의미도 있다.

　이런 남자는 간 큰 남자다. 첫째, 20대에 밥상 앞에서 반찬

투정하는 남자. 둘째, 30대에 아침밥 달라는 남자. 셋째, 40대에 아내가 외출할 때 어디 가냐고 묻는 남자. 넷째, 50대에 아내가 야단칠 때 말대답을 하거나 눈을 똑바로 쳐다보는 남자. 다섯째, 60대에 퇴직금을 어디 썼는지 물어보는 남자. 여섯째, 70대에 아내가 외출할 때 같이 나가자고 하는 남자. 이런 간 큰 남자 시리즈에 나를 대입시켜 본다.

첫째, 20대에 나는 밥상 앞에서 투정을 해 본 경험이 없다. 결혼 전이나 결혼 후에도 경제적인 어려움을 겪었기 때문에 반찬 투정할 겨를이 없었다. 경제적으로 안정이 되어서도 반찬 투정을 해 본 일은 없다. 무엇이 먹고 싶으면 먹고 싶다는 표현은 해 보았지만 반찬 투정이라고 할 만한 말은 해 보지 않았으니 나는 간 큰 남자는 아니다.

둘째, 아침밥은 달라고 하기보다는 함께 먹을 때도 있고 먹지 못하고 출근할 때도 있었다. 둘 다 직장에 다니고 있었기 때문에 아침에 일찍 일어나면 밥을 먹고 갈 수도 있고 늦게 일어나면 직장에 가서 해결하기도 했으니 내가 일방적으로 아침을 해 달라고 말한 적은 없다. 이 밥에 관해서는 우리 부부가 결혼 전부터 여러 가지 토론을 통해서 합의를 본 바가 있다. 우리가 학교를 졸업하고 결혼을 하게 되면 둘 다 전문직에 종사할 텐데 전문직에 몰입하여 열심히 일하다 보면 집밥 먹기가 어려울 것이라 내다보았다. 그러니 밥은 서로가 걱정하지 말고 외식으로 해결하자고 합의했다. 삼시 세끼 밥할 시간에 우리가 전공하는 학문에 힘을 더 기울인다면 더 좋은 성과를 얻을 것이라는 전제로 그렇게 합의한 것이다. 그러므로 집밥을 고집할 이유가 없었다. 그러니 나는 간 큰 남자가 아니다.

셋째, 아내가 외출할 때 어디 가느냐고 묻는 남자가 간 큰 남자라는데, 결론적으로 말하면 나는 한 번도 물어본 적이 없으니 간 큰 남자가 아니다. 왜 물어보지 않았느냐 하면 각자 다른 전문직에 종사하고 있었기 때문에 그에 대해서는 묻지 않고 서로 돕기로 약속했기 때문이다. 어딜 나가든지 자신의 직종, 자신의 역할과 연관이 되어서 나갈 테니 군이 나가는 이유를 물어 무엇 하겠는가. 나도 그랬지만 아내도 나의 전문 직종이나 역할에 대해서 물어보지 않았다. 서로 그렇게 했으니 나는 간 큰 남자가 아니다.

넷째, 아내가 야단칠 때 말대답을 하거나 눈을 똑바로 뜨고 쳐다보는 남자가 간 큰 남자라는데, 나는 결혼 초부터 어려운 경제 사정으로 발등에 불이 떨어져 있었기 때문에 부부가 서로 눈 똑바로 뜨고 대답하고 말고 그런 경험이 없다. 둘이만 살기에도 바빴는데 줄줄이 사남매를 낳고 키우다 보니 서로 말대꾸할 겨를도 없이 지냈다. 그러니 나는 간 큰 남자가 아니다.

다섯째, 퇴직금을 어디에 썼는지 물어보는 남자가 간 큰 남자라는데, 나는 퇴직금이 얼마인지도 모른다. 다달이 받은 월급의 액수도 모른다. 내 수입 전부를 아내에게 맡기고 살림을 하도록 했기 때문이다. 그렇게 한 것은 숫자에 관한 한 나는 저능아 수준이어서다. 숫자가 두 자리만 되어도 골치 아파하는 수준이라 가정경제는 슬그머니 아내에게 맡겨 버렸다. 그러니 내가 받은 월급이나 퇴직금이 얼마인지 알지 못한다. 내 앞가림을 위해서 쓰는 돈의 경우 간간이 청탁이 들어와 받게 되는 원고료와 강연료 같은 것만 내 마음대로 쓸 수 있도록 약속을 했기 때문에 나는 간 큰 남자가 아니다.

마지막으로 여섯째, 아내가 외출할 때 같이 나가자고 하는 남자는 간 큰 남자라고 했는데, 이 말 그대로 해석한다면 나는 간 큰 남자다. 정년 퇴임을 맞아 우리 부부는 가족아카데미아라는 사단법인을 만들어 아내는 사회교육을 담당하고 나는 사회봉사를 담당하는 두 축의 봉사를 하는 역할을 했다. 이렇다 보니 아침에 사무실로 출근을 하자면 둘이 함께 나갈 수밖에 없다. 누가 누구를 따라 나가는 것이 아니라 함께 봉사하러 나가는 길이니 따로 나갈 필요가 없다. 그래서 같이 나가는 것이다. 모양새는 간 큰 남자이지만 내가 아내를 따라 나가는 것이 아니기 때문에 이 또한 나는 간 큰 남자가 아니다.

다른 사람들은 나를 보고 아직도 이런 간 큰 남자가 있었나 하고 의아해하지만 이렇게 하나하나 대입을 해 보고 위에 적은 것이 가감 없는 사실이고 보면 나는 간 큰 남자가 아니라고 확신한다. 이 말을 다른 사람이 아닌 아내에게 했더니 그의 느낌은 전혀 반대다. 내가 하는 여러 구차한 변명은 차치하고 한마디로 나는 가부장 시대를 만끽하고 산 간 큰 남자란다. 같은 사실을 두고 이렇게도 의견이 다룰 수 있는가 생각해 보지만 아내가 그렇게 느끼고 있다니 할 말이 없다.

요즘은 책상을 나란히 두고 한 공간에서 일을 하다 보니 전에 해 보지 않았던 대화도 나누고 간 큰 남자 시리즈에 대한 토론도 해 본다. 나를 가부장적인 대표 인물로 몰아붙이기가 미안했던지 요즘은 '아직도 가부장적인 생활 습관을 무의식적으로 지니고 있는 사람'이라고 수정해 주었다. 그렇게 수정해 준 말도 나는 섭섭하다. 가부장적인 사고로 부부 생활을 해 본 적이 없다고 확신하는 나로서는 내 말이 옳은지, 내 말을 듣고 느끼는 아내의 감정이 옳은지 모르겠다.

알콩 하면 달콩 한다면

우리나라 말에는 곱고 재미있는 말들이 많다. 몇 가지 생각나는 것을 말하면 '알콩달콩, 새콤달콤, 갈팡질팡, 울퉁불퉁, 오순도순' 같은 낱말들이다. 이는 순수한 우리말에서 유래했을 것이다. 언제부터 사용되었는지는 모르지만 참 재미있는 말이다.

두 가지를 대비해 놓은 것이 흥미롭다. 모두 네 자로 되어 있는데 앞의 두 자는 화자의 말일 것 같고 뒤에 붙은 두 자는 이 화자의 말에 장단을 맞추어 되돌려 주는 되돌림_{Echo} 말로 서로 합해져서 곱고 좋은 말이 된 것이다. '알콩'만 있고 '달콩'이 없다면 밋밋할 것이다. '알콩'이 있으면 '달콩'이 달라붙어야 서로 조화를 이룬다. '알콩달콩'이 무슨 뜻일까. 콩깍지를

벗긴 콩알처럼 고소하게 사는 모양을 나타내는 말 같다. '알
콩'은 콩알이고, '달콩'은 알콩과 유사한 소리를 맞추어 재미나
게 만든 말인 듯하다.

'오손도손'은 정답게 살아가는 모습이 연상되는 귀여운 말
이다. '오밀조밀하게 잔재미가 있고 즐거운 모양을 나타내는
말'. 누가 SNS에 올려 둔 알콩달콩의 해석이다. 짐작건대 알콩
달콩은 서로 좋아하는 남녀가 사랑을 나누며 애정 표현을 스
스럼없이 하는 것을 말하지 않을까. 그러나 '알콩달콩'이 젊은
이들만의 전유물은 아니다. 연령에 관계없이 '알콩'을 느끼고
'달콩'으로 화답할 수 있는 정서적인 사이라면 나이가 무슨 의
미가 있겠는가.

좀 우둔했던 내 경험 하나를 이야기해 본다. 우리 부부는
결혼할 때 몇 가지 약속을 한 것이 있다.

우선 둘이 모두 전문가로서의 교육을 받았기 때문에 각자
의 전문성을 서로 존중하기로 하고 그 전문성에는 간섭하지
않기로 약속을 했다. 당시는 여성 전문가들이 드물었기 때문
에 우리 둘은 전문가로서 독립성을 가지면서 가정을 꾸려 보
려고 약속한 것이다. 그러니 일반적인 결혼에서 보게 되는 일
상생활은 생략해야 될 것이 많았다. 예를 들면 아내가 직장에
나가 일하면서 가정의 일도 일반 주부들이 하는 역할까지 전
담시킨다면 직장이든 가정이든 어느 쪽도 이룰 수 없으리라고

생각을 했다. 그래서 전문성을 높이기 위해 가정에서 소소한 행복을 느낄 수 있는 일들은 생략하고 넘어가는 경우가 많았다. 예컨대 생일이나 결혼기념일, 아니면 우리 둘만이 아는 숨겨진 즐거움을 기념해 보는 그런 일들은 많이 생략하고 살았다. 그러다 보니 각자 자기 전공의 전문성에서는 발전했지만, 보통 결혼을 통해서 즐길 수 있는 알콩달콩한 경험은 해 보지 못했다. 경험을 해 보지 못했다고 해서 마음에도 없었던 것은 아니다. 경제적인 어려움 가운데서 결혼을 했고 결혼하자마자 사남매를 연년생으로 출산하다 보니 발등에 떨어진 불을 끄느라 알콩달콩할 여유가 없었다.

그나마 다행한 일은 사남매를 키우면서 그들의 생일을 챙기거나 칭찬할 일이 있으면 기념일로 정하고 가족이 함께 즐겼다. 그러니 우리 부부가 속마음으로는 알콩달콩하고 싶었지만 결혼 초에 약속한 것도 있고 자녀를 키우게 되면서 자녀들의 기념일을 챙기는 것으로 우리의 알콩달콩을 대신한 셈이다.

교수 생활을 하면서 가난에서는 벗어났지만 여유롭게 알콩달콩을 하고 지낼 형편은 못 되었다. 그래서 나는 결혼하고 10년간 함께 고생한 아내에게 미안하여 틈틈이 따로 모아 두었던 돈으로 생일 축하를 깜짝쇼로 해 주고 싶었다. 그래서 아내 몰래 제주도행 비행기표도 끊고 2박 3일 체류할 호텔도 예약하고 깜짝쇼에 등장할 소도구도 장만했다.

"여보, 다음 주에 제주도에 강연하러 갈 일이 있는데 같이 가지 않겠는가?"라고 제의했다. 아내도 직장 일을 하고 있었기 때문에 불쑥 날짜를 잡기가 어려웠을 것이다. 그래도 이런 요청을 받아 보지 못했던 아내로서는 아마도 즐거웠을 것이다. 직장에서 2박 3일의 휴가를 허락받고 제주행 비행기를 탔다. 정말 오랜만의 여행이었다. 신혼여행도 경제적 사정으로 천막을 치고 산행을 했으니 나로서는 이 제주도 여행이 신혼여행이라고 의미를 부여하기도 했다. 호텔에 도착하여 아내가 잠깐 산책 나간 사이에 생일 파티에 필요한 소도구를 보기 좋게 정리해 놓고 꽃 한 송이를 옆에 감추어 두었다. 산책을 하고 돌아온 아내에게 "생일 축하해. 사랑해"라고 말했다. 집에서 열 번도 더 연습한 말이지만 꽃 한 송이를 아내에게 안겨 주면서 서툴게 말을 했다. 지금까지 한 번도 해 보지 않은 행동이라서 집에서 열 번도 더 연습한 이 짧은 문장이 서툴게 나온 것이다.

아내는 응당 기쁜 마음으로 내게도 "고마워요"라든지 "사랑해요"라든지 하는 그런 달콩한 소리를 되돌려 줄 거라 은근 기대했지만 그런 말은 없다. 약간은 놀란 표정이지만 시큰둥한 표정이다. 생일 축하를 깜짝쇼로 해 주어 놀라게 하고 싶은 속마음이 나의 알콩인데 그런 시큰둥한 표정을 보니까 의아스러웠다. 잠시 동안의 침묵이 흘렀다. 나는 실망이 컸고 아내는 어리둥절한 표정이 컸다. 이상하다. 생일 축하를 내 형편으로는 과하게 꾸몄는데 돌아오는 것이 달콩이 아니라 시큰둥이니 내가 좀 심통이 났다. "왜 그래? 생일 축하 선물이 적어서 그러나?" 아내는 더 어리둥절한 표정이다.

내가 제주도에 강의가 있다는 말은 하얀 거짓말이고 오로지 아내의 생일 축하를 위한 준비였는데 계속 시큰둥한 표정이니 심통이 났다. 내 알콩한 마음을 알아주지 못하니 심통이 날 수밖에 없다. 그런데 알고 보니 "자기 아내 생일이 언제인지도 모르는 당신이니…." 그래서 시큰둥했단다. 둘이 앉아서 생일을 따져 보니 다음 주다. 내가 참 바보 같은 일을 했다. 생일은 챙겨 주지 못하더라도 날짜는 기억하고 있어야 하는데, 그것조차 착각했으니 아내의 시큰둥한 표정이 이해가 간다. 내가 아무리 알콩하고 싶어도 그 행동이 적절하지 못하면 달콩이 돌아올 리가 없다.

생각해 보면 잘못은 전적으로 나한테 있다. 그럼에도 미안한 생각보다 돌아오지 않는 달콩이 원망스러워 심통을 부렸다. 나의 심통이란 무어냐면, '두고 봐라. 내년부터 내가 아내 생일을 절대로 챙겨 주지 않을 거다'라고 맹세했다. 지금 생각하면, 속담에 방귀 뀐 놈이 성 낸다 하는 말이 맞다. 아내의 잘못이라고 아무리 뒤집어씌우려고 해도 씌울 수가 없다. 남들이 봐도 그렇겠지만 그때 나도 내 잘못임을 알고는 있었다. 알고도 그런 심통을 부렸으니 내가 참 미련한 곰이다.

두 사람이 대학에서 정년 퇴임을 할 때까지 내가 생일은 챙겨 주지 않았다. 그러나 자녀들이 성장하면서 부모의 생일을 챙겨 주었으니 그나마 미안한 생각이 조금은 덜 들었다. 내가 하도 무뚝뚝하게 구니 자녀들 눈에도 그것이 불편하게 보였나 보다. 아내의 생일날 함께 모여 식사하면서 딸이 선물 하나를 나에게 주었다. "아빠, 이 선물 아빠가 샀다고 하고 엄마한테 드리세요. 드리면서 사랑한다고 해요." 웃음이 났다. 나는 딸의 그런 요청을 받고서 제주도 사건이 생각났기 때문이다. 이만하면 둘이 정년 퇴임도 했겠다, 함께 가족아카데미아라는 공익 사단법인을 설립하여 사회교육과 사회봉사를 함께 해 나가고 있는 처지인데 제주도에서 났던 심통을 지금까지 간직하고 있다는 것이 내가 생각해도 곰 중에 곰이다.

딸의 말처럼 선물을 건네면서 딸이 시키는 대로 그 말을 하려고 했지만 금방 잊어버렸다. 불쑥 내민 선물에 아내는 이게 뭐냐고 묻는다. 이때가 찬스다. 제주도 가기 위해서 내가 열 번도 더 연습해 둔 "생일 선물이야. 사랑해" 이 말을 하고 싶었지만 또 기회를 놓쳤다. 무엇이나 타이밍이 있다. 타이밍이 맞아야 하고자 하는 말이나 행동이 빛날 수가 있는데 그런 찬스를 놓치고 보면 나중에 백 번을 한들 썰렁하다.

내 생각으로는 오래도록 이런 참회하는 마음으로 살아왔

지만 익숙한 생활 습관이 아니라서 그런지 그 탓을 또 아내에게 돌린다. "내가 알콩했을 때 아내가 달콩해 주었으면 이런 일이 없을 텐데" 하고 남 탓을 했다. 생각해 보면 마음은 있어도 그것을 표현하는 재주가 미숙하여 그런 것인데 아직도 아내의 달콩 탓을 하고 있으니 철이 없어도 한참 철이 없는 늙은이다. 어떻게 될지는 모르겠지만 내 나이로 봐서 이제부터의 생활이 내 생애의 마지막 생활일 것 같은데 알콩달콩하고 싶다. 아직도 내가 알콩하는데 아내가 달콩해 주지 않으면 어떡하나 하는 일말의 불안은 있지만, 생을 마감할 마지막 생활 주기를 만났는데 못 할 것이 뭐가 있겠는가. 평생 체험하지 못한 알콩달콩을 지금이라도 한번 경험하고 살았으면 좋겠다. 남 탓 할 게 아니다. 내가 변해야 그렇게 살 수가 있다.

에리히 프롬이 했다는 이야기인지 확실치는 않지만 내 기억에 남아 있는, 꼭 나 자신에게 해 주고 싶은 말이 있다. "사회적인 추구가 지나쳐서 사랑의 추구가 소홀해서도 안 되고, 사랑의 추구가 지나쳐서 사회적인 추구를 소홀히 해서도 안 된다." 이 말을 명심하고 살아 보겠다.

노년은 그동안 모은 돈을 즐겨 쓰는 시기다

"돈을 돌 보듯 하라." 요즘 이런 이야기를 한다면 이해할 수 있는 사람이 얼마나 될까. 특히 청년들은 대부분 이 말의 의미를 알지 못할 것 같다. 돈은 돈이고 돌은 돌인데 왜 귀한 돈을 돌 보듯 하라고 했을까, 라는 한 점의 의문도 없이 이 말을 확고히 믿었던 한 사오정이 있었다. 누구냐 하면 그게 바로 나다. 나는 어릴 때부터 부모님으로부터 아니면 어른들로부터 이런 말을 자주 듣고 자랐기 때문에 일말의 의심도 품지 않고 확신을 갖고 자랐다. 그러니, 사오정이다.

내가 그렇게 확고하게 믿었던 이유는 딱 두 가지다. 첫째로 부모님의 말씀이니 무조건 믿고 확신을 가졌다. 둘째, 나는 그때 어렸으니 필요한 돈이 그렇게 많지 않았을 것이다. 나는 그 많지 않은 용도의 돈도 만져 보지 못하고 성장했다. 왜냐? 공책을 다 쓰면 새 공책을 사야 하는데 공책을 사기 위해서 돈을 달라고 하면 돈 대신에 공책을 받았다. 이런 식으로 내가 필요로 하는 모든 것은 돈이 아니라 실물로 공급받았기 때문에 돈에 대한 필요성을 느끼지 못했다.

"돈은 돈이고, 돌은 돌이다." 이런 정도의 통찰을 하기까지는 많은 시간이 필요했다. 고등학교 2학년 때 아버지가 돌아가시면서 경제적인 몰락으로 내가 가장이 되지 않으면 안 될 처지가 되고 보니 돈과 돌이 다르다는 것을 그때 비로소 알게 되었다. 물론 이 말에는 더 깊은 뜻이 있겠지만 당시 내 발등에 떨어진 불을 끄기 위해서는 돈은 돌이 아니라 나에게 아주 소중한 것이었다.

돈이 왜 귀하냐 하면 돈 없이는 살 수가 없기 때문이다. 간단한 예를 들면, 옛날에 코미디언 서영춘이라는 분이 불러서 히트한 곡이 하나 있다. 그분의 코믹한 연기도 재미있지만 히트한 노래의 가사도 재미있다. "돈 없으면 집에 가서 빈대떡이나 부쳐 먹지." 생각해 보자. 빈대떡은 뭐 하늘에서 떨어지는가. 빈대떡을 부치려면 빈대떡을 만들 재료를 사야 되는데 돈이 없으면 어떻게 살 수 있을까? 그뿐인가, 지금 우리가 이 사회에서 살아가자면 돈 없이는 한시도 살아갈 수가 없다.

"나물 먹고 물 마시고 내가 누울 한 평 땅만 있으면 행복하다.”고 주장한 고대의 선현들도 있다. 지금 생각해 보면 선현이 아니라 나 같은 사오정이다. 나물은 돈 안 주고 살 수 있는가. 물도 공짜로 마실 수 있는가. 무엇이든 돈을 들여야 먹을 수 있다. 내가 누울 땅 한 평? 지금 강남의 땅 한 평 값이 얼만데…. 그러니, 돈이 돌이 아니라 귀중한 돈이다. 내가 지금 와서 늦게나마 돈이 귀중하다고 느끼게 된 이야기를 하나 하겠다.

2013년 내 수필집 『나는 죽을 때까지 재미있게 살고 싶다』(갤리온)가 공전의 히트를 쳐서 수십만 권이 팔리며 베스트셀러에 올랐다. 지금도 꾸준히 팔리는 것을 보면 나한테는 대박이다. 그런 이유로 나는 전국에서 많은 강연 요청을 받고 바쁘게 돌아다녔다.

한번은 내 강연 시간보다 한 시간쯤 일찍 가서 주최 측과 담소를 나눈 적이 있는데, 내 강연을 소개하는 현수막에 이런 표현이 있었다. ‘돈도 벌고, 죽을 때까지 재미있게 사는 법’. 참 기발한 카피다. 내 마음에 쏙 든 것은 ‘돈도 벌고’라는 말이었다. 그때까지 내 강연의 주제는 경제적으로나 건강상 자기 앞가림을 할 수 있는 분들에게만 적용되는 것이었다. 그도 그럴 것이 나 자신이 경제적인 개념이나 행동 면에서 내세울 만한 것이 없는 사오정이기 때문이다. 그런데 오늘 강연 주제를 ‘돈도 벌고…’라고 했으니 저 주제를 알지도 못하면서 어떻게 강연을 해야 하나 하는 생각이 들어 갑자기 불안해졌다. 그런데 주최 측 이야기를 들으니 오늘 강연은 나 혼자 하는 것이 아니라 내 차례 앞에 재테크 전문가가 돈 버는 법을 강의한다고 한다. 두 사람의 강연을 한마디로 현수막에 적자니 그렇게 적었단다.

나는 불안을 가라앉히고 강연장에 들어가 처음으로 경제에 관한 강연을 들어 보았다. 강연자가 재테크 전문가라 그런지 어려운 이론보다 쉽고 현실적이고 알아듣기 쉬운 말로 했기 때문에 나 같은 사오정도 공감하고 이해하는 부분이 많았다. 나는 이런 생각이 들었다. '아, 그렇게 하면 돈을 버는구나. 그런데 왜 나는 여지껏 몰랐을까?' 아마도 어릴 때부터 받은 교육이 각인이 되어서 돈을 돌보다 나쁜 것이라고 생각했던 것 같다.

집에 돌아와 가족들과 저녁을 먹으면서 이 재테크 이야기를 마치 내 생각인 것처럼 말했더니 자녀들이 이구동성으로 탄성을 지른다. "아빠가 진작 그런 생각을 했으면 우리 집이 굉장한 부자가 되었을 건데…." 듣다 보니 내가 경제에 관한 한 사오정임을 그들도 잘 알 텐데 그런 소리를 하는 것이 꼭 나를 조롱하는 것처럼 들렸다. 그래서 내가 조롱받은 만큼 자녀들을 조롱해 보고 싶었다. "그래서 아빠가 오래 생각한 일인데 이런 사업을 시작해 볼까 한다." 나는 재테크 강사로부터 들은 내용을 실천하겠다는 의지를 표명했다.

"아빳, 제발 참으세요." 앞에 했던 말과 지금 하는 말이 다르다. 아까는 "아빠…" 하고 나를 순하게 부르더니 뒷말을 듣고는 "아빳…."이라고 강한 어조로 질책하는 투다. 아마도 내가 나이가 많으니 치매기라도 생겼나 보다라고 생각했을지 모르겠다. 그러나 나는 그 말을 일부러 조롱하는 투로 얘기한 것이니 치매와는 다르다. 그래도 재미있다. 잠시라도 자녀들을 깜짝 놀라게 했으니 그것만으로도 잠시의 즐거움이었다. 이제야 나는 왜 어른들이 돈을 돌처럼 보라고 했는지 알아차렸으니 늦둥이치고는 큰 지진아다. 늦었지만 내가 머리로 생각해낸 돈에 대한 공식이 있다. 돈은 귀한 돈이다. 돌은 돈이 아니다. 돈은 자기 앞가림을 할 수 있는 적정한 양만큼 가지면 된다. 앞가림은 최대한이 아니라 최소한을 기준으로 하면 좋겠다. 그리고 노년은 그동안 모은 돈을 즐겨 쓰는 시기라고 정리해 보았다.

내가 생각해도 맞는 말이긴 하지만 '내 앞가림을 할 수 있는 돈의 최소한의 기준이 어느 정도일까'에 대한 내 생각은 없다. 없는 것이 아니라 모르겠다. 아쉽긴 하지만 늦게나마 이 정도의 통찰을 할 수 있었던 것만 해도 감사하고 즐거운 일이다. 그래서 나는 오늘도 돈을 벌어 볼 궁리를 해 볼까 한다.

자녀는
부모의 보험이 아니다

　요즘 뉴스를 보면 부모 자녀 간에 재산 문제로 다투는 것을 많이 본다. 심한 경우에는 입에 담기조차 어려운 존비속 살해가 일어나는 일도 있으니 돈이 무엇이기에 사람들을 이렇게 악하게 만드는 것일까. 내가 1950년대에 대학교 다닐 때 본 영화가 하나 있다. 제목도, 배우들 이름도 잊어버렸다. 그런데 내용은 생생하게 기억하고 있다. 그만큼 내게 충격을 주었기 때문이다.

　영화의 내용은 이렇다. 갓 열여덟 살이 된 아들이 부엌에서 일하는 어머니를 뒤에서 허그를 하며 이렇게 말한다. "엄마, 나 내일 집 나가." 나는 이게 무슨 말인가 생각했다. 집 나간다는 것은 그 당시 내 생각으로는 가출밖에는 없는데 가출

하는 아들이 어머니에게 저렇게 다정하게 말하는 게 이해가
되지 않았다. 어머니는 이렇게 대답한다. "아! 벌써 내 아들이
열여덟 살이 되었구나. 오늘 밤에 아버지에게 말씀드릴 테니
까 내일 아침 먹을 때 말씀드리렴." 이 말도 나는 채 이해를 하
지 못했다. 가출이라면 부모 자녀 간에 갈등이 있어서 자녀가
집을 뛰쳐나가는 것일 텐데 아침 먹으면서 말을 하라니, 이해
가 되지 않았다.

이튿날 아침에 가족들이 둘러앉아 아침을 먹는데 이 아들
이 아버지에게 이렇게 말한다. "아빠, 나 오늘 집 나가요." 아
버지는 담담하게 대답한다. "나는 내 아들이 이렇게 훌쩍 큰지
몰랐구나. 축하한다. 그래, 나가면 필요한 것도 많을 텐데 아빠
가 도와줄 테니 있으면 말해라." 이쯤에서야 알아차렸다. 나는
그 당시에도 이미 미국에서는 자녀가 18세가 되면 부모의 동
의 없이 독자적으로 자신의 일을 자기가 할 수 있다는 법률이
있다는 것을 생각해 냈다. 참 야속한 법률인 것 같았다. 당시
우리나라에서는 저런 생각을 하고 살아가는 부모 자녀는 없었
다. 부모는 자녀를 평생 돌봐야 할 어린이쯤으로 생각하고, 자
녀는 평생 부모에게 의지하고 부모를 봉양해야 한다는 가치
관에 몰입되어 있었던 때다. 내가 이 영화를 보고 이해가 늦은
것도 그런 탓이다.

나는 계속 깜짝 놀랐다. 아들의 대답이다. "아무것도 필요

없어요." 나는 아버지의 질문에 아들이 무슨 이야기를 할까 궁금했는데 내 생각과는 180도로 다른 대답이 나온다. 집 나가는데 아무것도 필요 없다니, 아마도 신세를 지지 않겠다는 뜻일 것이다.

내 친구들 중에는 의과대학을 졸업하고 군 복무를 마치자마자 미국으로 이민 간 이가 많다. 낯선 미국 사회에서 의사로 살아가면서 고생도 했겠지만 대부분 성공하여 사회·경제적으로 안정감 있는 생활을 하고 있었다. 그런데 그런 그들에게 고민이 있다. 바로 자녀 문제다. 자녀들이 18세가 넘었다고 자기 마음대로 한단다. 한국인의 정서로는 받아들이기 어려운 요구 조건도 내걸면서 의존을 한다고 한다. 그래서 내 친구 하나는 자녀에게 이렇게 말해 보았다고 한다. "너는 이제 열여덟 살이 되었으니 모든 것을 주체적으로 결정하고 독립적인 너의 삶을 살아가야 한다." 그랬더니 아들의 대답이 이렇단다. "그래요. 나 집 나가서 독립적으로 살 테니 집 한 채 사 주세요." 이것은 내 친구가 편지로 나에게 호소한 이야기다.

그 자녀는 18세를 자기 유리한 대로 해석한 것이다. 독립적으로 사는 것을 앞세워 제 마음대로 하면서 집은 한국식으로 한 채 마련해 달란다. 내 친구는 이 모순을 어떻게 처리해야 할까 고민하다 결국 집 한 채를 사 주었단다. 한국인의 정서로는 자녀가 18세가 되었다고 매몰차게 끊는다는 것이 관습상 불편했을 것이다. 자녀 이기는 부모 없다고 결국 집을 사 주고 나서도 억울했는지 나한테 여러 번 편지를 보냈다.

지금 생각하면 내가 대학교 때 보았던 영화가 옳다. 나는 자녀를 키우면서 가능한 한 그런 자세로 키웠지만 한국인의 공통적인 관습이었던 그 부모 자녀 관계를 완전히 극복하지는 못했다. 그러나 지금 사회는 점차 그 같은 방향으로 가고 있는 듯하다.

독립심과 의존심의 차이인 듯하다. 내 친구의 이야기를 듣 고 이 둘을 칼로 두부모 자르듯이 명백히 구분할 수 있을까 하 는 의문이 들었다. 혼재해 있을 것 같은데 미국은 독립성을 강 조해서 살아가는 사회고 우리나라는 의존성을 중심으로 살아 가던 사회였으니 내가 혼돈 속에서 구분하지 못했던 것도 무 리는 아니다.

세계보건기구WHO에서 건강을 정의하면서 중심 단어를 독 립성에 두었다. 자유민주주의에 걸맞은 개인 권리의 보장이 다. 그런데 얼마 지나지 않아서 중심 단어를 독립성에서 상호 의존성으로 바꾸었다. 독립성이라는 말은 참 이상적인 단어 다. 그러나 현실적으로는 불가능한 것이다. 이 세상에서 혼자 살아갈 수 있다면 독립적이라는 말이 모순되지 않겠지만 가 족을 이루고 사회를 이루고 국가를 세워 집단적으로 살아가 는 소통의 사회라면 독립적이라는 말은 실현하기가 어려운 단어다. 그래서 세계보건기구에서는 슬그머니 상호 의존적이라는 말로 바꾸어 지금까지 오고 있다. 상호 의존적이라는 말은 각자가 독립성을 유지하면서 서로 원활한 소통을 위해 의존할 필요가 있다는 현실적인 인식을 보여 주는 것이다.

'상호 의존적'이라는 말이 맞다. 서양 사회에서는 18세를 법률적으로 독립하는 나이로 정하고 그에 따라 사회적인 관습도 적응해 갔다. 그것이 지금의 서양 사회다. 이에 비해 우리나라는 법률적으로는 군데군데 그런 정신이 배어 있는 법률은 있지만 생활 관습상 서양 같은 독립성은 아직 요원한 것 같다.

우리나라의 많은 부모들은 어떻게 하면 자식들에게 많은 재산을 물려줄까를 생각하고 자녀들 사이에서는 적건 크건 유산이 있으면 다툼이 따라 다닌다. 생각해 보면 부모의 자산은 부모가 열심히 일해서 번 돈일 테고 자기 몫인데 왜 자녀들에게 기를 쓰고 또 편법을 써 가면서 물려주려고 하는 걸까. 지금까지 부모 세대가 살아오면서 품어 온 부모 자녀 간의 의존적 가치를 청산하지 못했기 때문일 것이다. 자식 농사를 잘 지어 두면 노년에 행복하다는 선입견 때문에 그럴 것이다. 지금은 그런 가치관도 달라졌고 또 옛날처럼 의존적인 대가족 속에서 살아가기도 어려운 사회가 되었다. 우리의 삶도 하나의 가치를 줄기차게 고집할 것이 아니라 사회 변동에 따라서 그에 가장 적합한 적응 방법을 습득하여 자기 삶의 습관으로 삼아야 할 것이다.

지금 사회는 옛날 사회에 비해서 변동하는 속도가 너무 빠르다. 한순간을 놓치면 사회에 적응하기가 어려울 정도다. 지금 행동으로 나올 만큼 갑자기 습관화할 수는 없다 하더라도 우리의 의식을 점차 변화시켜 가는 노력을 아끼지 말아야 한다. 그러면 그 뒤에 따라오는 관습의 변화는 그리 어려운 일이 아닐 것이다.

자녀는 18세가 되면 독립적으로 살도록 놓아 주자. 자녀들은 18세가 되면 모든 것을 독립적으로 해결하는 습관을 들여보자. 서로 독립된 자세로 인한 충돌은 세계보건기구에서 권장하는 상호 의존적 태도로 해결될 것이다. 옛날에는 자녀들이 노후의 보험이었지만 독립성이 강조되는 현대 사회에서 자녀는 절대 보험이 될 수 없다. 서로 독립적으로 자기 앞가림을 잘하고 그것이 불가능한 경우에 상호 의존적인 자세로 소통을 한다면 그게 가장 좋은 인간관계가 될 것이다.

'건강이 최고다'라는
식상한 덕담?

요즘 나는 많은 사람들에게 "건강하세요" 아니면 "건강 유의하시고 잘 지키세요"라는 덕담을 많이 듣는다. 젊었을 때도 들어 본 이야기이고 지금도 듣는 이야기이지만 젊었을 때와 지금은 듣고 느끼는 바가 다르다. 젊었을 때는 그 같은 쉬운 이야기를 덕담이라고 들려주니 옳은 말이지만 식상했다. 젊음 자체가 건강인데 또 무슨 건강을 챙기란 말인가. 아마도 그런 생각에서 듣기 거북한 덕담으로 여겼을 것이다. 그런데 요즘에 와서는 같은 말이라도 그런 말을 해 주는 분들에게 고맙다. 나는 이미 지병이 있고 나이도 많으니 다른 사람들이 그처럼 염려를 해 주는 것이다. 다른 사람의 건강을 걱정해 주는 마음이 고마울 뿐이다.

건강이란 도대체 무엇일까? '정신적으로나 육체적으로 아무 탈이 없고 튼튼함 또는 그런 상태'. 사전에 나와 있는 일반적인 정의다. 이 기준에 적합한 사람이면 누구나 건강하다고 말할 수 있을 것이다.

건강에 유의하라는 말은 덕담 중에 덕담이지만 건강을 잃어버리지 않은 사람에게는 소귀에 경 읽기다. 하지만 아무리 건강한 사람이라도 언제까지나 건강할 수는 없으니 어쩌다 병에 걸리거나 그것도 중병에 걸리고 나면 갑자기 건강 전도사가 된다. 자기가 겪어 보니 그 고통이 만만치 않기 때문에 보는 사람마다 "건강은 건강할 때 지켜야 한다"는 말로 자기의 경험을 전한다.

말하지 않아도 쉽게 이해할 수 있는 이런 말들을 사람들은 왜 소귀에 경 읽듯이 받아들일까? 아마도 병은 걸리는 사람이 걸리고 자기같이 건강한 사람은 절대로 걸리지 않는다고 착각해서 그럴 것이다. 텔레비전을 비롯한 많은 매체에 출연하여 건강의 중요성을 강조하던 분들이 어느 날 갑자기 돌아가셨다는 말을 들으면 건강은 말로만 해결되는 것도 아닌 듯하다. 타고나는 것도 있겠지만 살면서 얼마나 건강을 잘 챙기느냐가 관건이다. 잘 챙긴 사람은 건강을 유지할 것이고, 그렇지 못한 사람은 몸이나 마음에 탈이 나서 고통스러워질 것이다.

세계보건기구에서 건강이라는 단어를 의학적으로 정의하

면서 다음과 같은 것을 제시했다. 사전적인 의미와 좀 비슷하지만 의학적인 용어라서 좀 더 깊은 뜻을 지니지 않았을까 싶어 소개한다. 세계보건기구에서는 안녕 상태Well-being를 기준으로 네 가지를 제시했다.

첫째는 신체적인 안녕 상태Physical Well-being를 들었는데, 이는 신체적으로 허약하지 않고 병이 없는 평형 상태적 안녕을 의미한다. 우리는 감기가 들면 병적 상태이기 때문에 건강하지 않다고 말한다. 감기가 낫고 원상회복이 되면 건강하다고 이야기를 한다. 한마디로 몸에 병이 없고 튼튼해야 된다는 말이다.

두 번째로는 감정적인 안녕 상태Emotional Well-being여야 한다고 했다. 이것은 정신적인 건강 상태를 말하는데, 아마도 정신의 기본이 감정이기 때문에 그렇게 표현했나 보다. 정신의 안녕 상태가 어떤 것을 기준으로 하는지 아직 명확하지 못한 면이 있지만 대체로 정신장애에 대한 기준을 마련하여 건강과 건강치 못한 것을 구분하고 있다.

세 번째로는 사회적인 안녕 상태Social Well-being를 제시했다. 몸도 마음도 튼튼한 사람이 사회적으로 하나의 역할을 수행하지 못한다면 건강하지 못한 것이라고 정의했다. 몸과 마음이 건강한 사람이 사회에 한 치의 기여도 하지 않은 채로 존재한다면 그것은 건강한 사람이라고 보지 않는 것이다. 많은 사람들이 나름대로 자기에게 적합한 역할을 맡아 사회에 기여하고 있으니 그것이 바로 사회적인 건강이다. 능력이 있고 없고가 문제가 아니라 자기가 갖고 있는 능력에 맞는 사회적인 역할을 한다면 그는 사회적인 안녕 상태에 있다고 말할 수 있을 것이다.

건강에 대한 이러한 정의는 세계보건기구가 발족된 1948년 4월 7일에 내려져 1998년 1월까지 건강에 관한 가장 기본적인 정의로 통용되어 왔다. 그러던 것이 1998년 1월에 와서 한 가지를 첨가했다. 건강의 조건이 더 까다로워진 것이다. 그리하여 추가된 네 번째 조건은 영적 안녕 상태 Spiritual Well-being이다. 이 항목이 추가되고 나서 각계각층에서 논란이 많았다. 우선 '영적'이라는 말의 정확한 정의에 대해서 의견이 분분했다. 사전에는 '매우 신령스러운 것, 사물의 형상과 자취를 아울러 이르는 말, 또는 남은 흔적, 신령스러운 사적, 또는 그런 내력이 있는 곳'이라고 정의되어 있다 보니 헷갈리는 부분이 많다. 모 종교 단체에서는 자신들이 영적이라는 말을 많이 사용하기 때문에 세계보건기구에서 말하는 영적 안녕 상태란 바로 자신들의 교리를 말하는 것이라고 주장한다. 다른 종교 단체나 종교가 없는 사람들도 영적이라는 단어를 해석함에 있어 분분한 의견을 냈는데 이를 의식한 세계보건기구에서는 영적이라는 말은 특정 종교에만 해당되는 것이 아니라 인간이 살아가는 어떤 사회에서도 존재한다고 정의해 주었다.

옛날에 규정된 건강의 조건만 해도 해당되는 사람들이 많지 않을 텐데 영적 안녕 상태라는 갈피를 잡기 힘든 기준까지 합하면 과연 건강하다고 할 사람이 몇이나 있겠는가. 나는 일생 동안 정신과 환자를 위해 치료하고 교육한 경험이 있지만 '영적 안녕 상태'에 대한 확고한 지식이나 경험을 갖고 있지 못하다. 그냥 나 혼자 생각에 한 인간이 삶을 통해서 도달할 수 있는 건강의 꼭짓점이 아닐까 그런 생각을 하면서 치료에 임했다.

사람은 시시각각으로 변하는 자연 또는 사회의 변화에 적응해 가면서 살아가야 할 존재이기 때문에 안녕 상태라는 단어도 쉽게 납득할 수 있는 말은 아니다. 주변 상황에 따라서 우리의 몸과 마음은 자동기계처럼 변동하면서 살아간다. 그러니 안녕 상태가 항상성이 있도록 살아가기란 어렵다. 그럼에도 안녕 상태라는 말을 받아들이는 것은 그런 변화가 있긴 하지만 원인이 되었던 상황이 사라져도 원래의 안녕 상태로 돌아가지 못하는 것을 병적이라고 생각하기 때문이다.

나는 많은 정신과 환자를 치료하면서 일관되게 말해 준 처방이 있다. "몸에 좋다는 약이나 음식을 찾아 드시지 마시고 몸이나 마음에 해롭다는 것을 멀리 하세요." 많은 환자들이 귀가 얇아서 좋다는 음식이나 보조 식품을 찾아다니며 복용한다. 치료를 할 때는 그에 적합한 약이 있고 음식이 있다. 그러니 단지 몸에 좋다는 이유 하나만으로 약이나 음식을 찾지 말라는 뜻으로 일러 준 말이다.

어디서 글을 읽다 보니 이런 나의 뜻을 좋은 명언으로 남긴 사람이 있었다. 징기스칸의 책사인 야율초재(1199~1243)는 이런 말을 했다. "하나의 이익을 얻는 것이 하나의 해를 제거함만 못하고, 하나의 일을 만드는 것이 하나의 일을 없애는 것만 못하다." 서양에서도 아리스토텔레스(BC 384~BC 322)가 다음과 같이 말했다. "현명한 사람은 쾌락이 아니라 고통이 없는 상태를 추구한다." 이 말은 쾌락은 보태는 것이고 고통은 제거하는 것이라는 의미이다. 보탤 것과 제거할 것을 명백히 구분해 주는 명구다. 내가 감히 이분들의 명구를 인용한 것은 표현은 다르지만 내가 환자에게 해 준 말과 다르지 않다고 느꼈기 때문이다. 환자는 해롭다는 일만 안 해도 건강은 반은 회복된 것이나 마찬가지다.

"건강은 건강할 때 챙겨라." 이 말은 식상한 덕담이 아니라 듣고 또 들어도 고마운 덕담이다.

좋은 기억을 상기시키면
치매 환자도 즐거울 수 있다

나는 오래도록 정신과 환자를 진료하면서 이런 생각을 해 보았다. 내가 생각했던 것을 글로 적으면 그 글만 가지고도 내 생각이 환자 같다는 느낌을 받을 것이다. 그럼에도 내가 그런 생각을 부적절하다고 여기면서도 계속 떠올린 것은 많은 환자 분들이 과거의 나쁜 기억들 때문에 고통을 호소하는 것을 보아서다. 그래서 생각해 낸 환자 같은 생각이다.

사람들에게 기억이라는 것이 없으면 좋을 것 같다. 좋은 기억이든 나쁜 기억이든 지나간 것은 죄다 지워 버리고 오직 오늘 지금 경험하는 것만 기억되면 좋겠다고 생각했다. 오늘 여기서 겪은 경험도 오늘이 지나면 죄다 지워져 버리면 정신과 환자는 없어지거나 줄어들지도 모르겠다는 환자 수준의 상

삶 만큼 살았다는 보통의 착각

상을 해 본 적이 있다. 지금 생각하면 참 우습기도 하고 내가 치료자가 아닌 환자 같은 느낌이 드는 상상이다.

정신과에서는 이런 환자의 고통을 덜어 드리기 위해서 많은 방법을 사용했으나 만족할 만한 결과를 얻은 것은 없다. 환자의 호소는 이런 즐겁지 않은 기억을 스스로 지우려고 노력도 해 보지만 지워지지 않는다는 것이다. 이런 기억을 지우기 위해서 한동안 전기치료라는 충격요법이 있었는데 이 치료를 받고 나면 기억이 사라진다. 그러나 일정한 시간이 지나면 지워졌던 기억이 다시 떠오른다. 그것도 환자 자신이 괴롭게 생각하는, 지우고 싶은 기억이 먼저 살아나니 더 괴로울 수밖에 없다. 그에 더하여 즐거운 기억조차 사라져 버리니 적절한 치료 방법이 아니다.

기억에 관한 한 요즘 치매가 많이 거론된다. 기억을 조금씩 잊기 시작하면 이게 치매로 가는 시초가 아닌가 하고 많은 사람들이 불안해한다. 그러나 기억상실과 치매는 같이 올 수도 있고 치매가 아니면서 기억력에 문제가 생기는 사람들도 있다.

친구가 보내 준 SNS에 떠도는 일화 하나를 소개하면 다음과 같다.

하루는 레이건이 콧노래를 흥얼거리면서 몇 시간 동안 갈퀴로 수영장 바닥에 쌓인 나뭇잎을 긁어모아 깨끗하게 청소를 했습니다. 그 모습을 본 낸시 여사의 눈가에서 눈물이 떨어졌습니다. 아내를 아주 많이 사랑했던 레이건은 젊은 시절 아내를 도와 집 안 청소를 해 주면서 행복해했습니다. 낸시는 그때를 생각하며 젊은 시절에 남편이 집 안 청소를 해 주면서 행복해하던 기억을 되살려 주고 싶었습니다. 그날 밤에 낸시 여사는 경호원과 함께 남편이 담아 버린 낙엽을 다시 가져다가 수영장에 몰래 깔았습니다.

다음 날, 낸시 여사는 남편에게 다가가서 말했습니다. "여보, 수영장에 낙엽이 가득 쌓였어요. 이걸 어떻게 청소해야 하나요?" 낸시가 걱정하자 레이건이 낙엽을 치워 주겠다면서 일어나 정원으로 나갔습니다. 낮이면 레이건은 콧노래를 흥얼거리며 낙엽을 쓸어 담고, 밤이면 부인 낸시는 다시 낙엽을 깔고, 그렇게 낸시는 남편의 행복했던 기억을 되돌려 놓으려고 애를 썼습니다. 이런 헌신적인 사랑의 힘 때문이었는지 레이건은 어느 누구도 알아보지 못할 정도로 기억력을 잃었지만 아내 낸시만은 확실하게 알아보았습니다.

치매라는 것도 여러 종류가 있겠지만 제일 흔하게 나타나는 증상은 기억의 상실이다. 기억이 상실되기는 하지만 치매 환자 자신은 나름의 기억을 갖고 있다. 그 기억이 일상적인 것과 다르게 보이기 때문에 가족들은 치매 환자가 하는 말이나 행동을 짐작할 수가 없는 것이다. 말하자면 서로 표현하는 코드가 다르기 때문에 이해할 수 없다는 것이다. 치매 환자의 알아들을 수 없는 말이나 작은 일거수일투족이라도 그 치매 환자에게는 의미 있는 말이고 행동이다. 단지 우리가 그 내용을 파악할 수 없기 때문에 치매 환자의 탓이라고만 치부하는 것이다.

레이건 대통령의 예화에서 보면 낸시 여사는 레이건의 알아들을 수 없는 말이나 행동에 깊은 관심을 갖고 알아듣고 알아채기 위해 집중했다. 그 덕에 레이건의 낙엽 쓰는 행동의 뜻을 알아차린 것이다. 슬프긴 하지만 나이가 들면 많은 사람들이 정도의 차이는 있지만 치매 또는 유사 치매를 앓게 된다. 가족들은 젊을 때 하지 않던 알아들을 수 없는 말이나 행동을 그냥 연세가 들었기 때문에 그렇게 하는구나 하고 선입견을 갖지 말고 그 말과 행동의 의미를 주의 깊게 관찰해 보라. 그런 습관을 가진다면 모르긴 해도 연세 든 노인이 알아들을 수 없는 말이나 행동을 한다고 하더라도 그 뒤에 숨어 있는, 진짜 하고 싶은 말과 행동이 무엇이며 그것이 그에게 무엇을 의미하는지 알아들을 수 있을 것이다.

물론 이런 노력은 가족이기 때문에 오히려 어려운 면이 있다. 부모님이나 연세 든 노인이 젊었을 때는 조리 있는 말씀과 반듯한 행동으로 우리에게 가르침을 주시더니 왜 저렇게 되었을까 하는 감정을 이기지 못하기 때문에 분노로 발전할 때도 있다. 이런 감정이나 분노는 그나마 잘 관찰하면 알아들을 수 있는, 말과 행동 그 이면의 뜻을 놓치는 원인이 되기도 한다.

치매나 유사 치매 증상을 보이는 가족이나 노인이 있다면 나쁜 기억보다는 좋은 기억들을 상기시킬 수 있는 말이나 행동으로 부단히 자극을 줄 필요가 있다. 한두 번 자극을 받아서 기억이 나지는 않을 것이고 지속적으로 즐거웠던 경험을 상기시키는 자극을 받는다면 치매나 유사 치매를 앓는 분들도 거듭되는 자극에 과거의 즐거웠던 기억을 단편적이나마 기억해낼 수 있을 것이다. 레이건 대통령 부부의 낙엽 쓸기와 낙엽 흩어 놓기처럼 반복적으로 평소의 즐거움을 상기시키는 행동을 하는 것이다.

사람들은 좋은 기억도 있고, 나쁜 기억도 있고, 생각하고 싶은 기억도 있고, 생각하기 싫은 기억도 있다. 이 모든 기억은 태어나서부터 지금까지 하나도 빠짐없이 우리 뇌세포에 저장된다. 저장된다고 해서 다 회상해 낼 수 있는 것은 아니지만 기억상실을 주된 증상으로 하는 많은 환자분들께는 좋은 기억만을 선택하여 반복적인 자극을 줄 필요가 있다는 근거가 된다.

나쁜 기억이나 좋은 기억이나 지워 버리기는 어렵지만, 상황에 따른 적응 훈련으로 작지만 부분적인 연상을 통하여 기억을 회상시킬 수는 있으니 이왕이면 좋은 기억을 자극하자. 그렇게 해서 잠시만이라도 좋은 기억 속에 잠길 수 있다면 치매로 인한 슬픔을 달랠 수 있지 않을까.

낸시 여사가 평소 레이건이 즐겨 하던 행동이 무엇인가를 찾아 그것을 반복하도록 만들어 준 것은 정말 지혜롭다. 우리가 부모나 노인을 공경한다고 하면서도 이런 치매 증상에 대해서는 분노도 있고 짜증도 있으니 잔병에 효자 없다는 말이 맞다. 낸시 여사처럼 부모나 노인의 말과 행동 뒤에 숨은 즐거운 기억들을 자극한다면, 그것도 지속적으로 자극할 수 있는 인내력만 있다면 잔병에도 효자가 생길 것이다. 겉만 보지 말고 숨은 뜻을 찾아내 보자.

젊은이는
노인의 선생이다

　　요즘 노인들에게 충고하는 많은 사람들의 말 가운데는 이런 것들이 있다. "젊은 세대를 존중하고 그들의 견해를 존중하라. 조언하되 비평하지는 마라. 미래를 열 사람은 젊은이들이다." 이런 말에 동의하고 실천하는 노인은 별로 많지 않으리라. 노인 입장에서 보면 젊은 사람들이 서툴고 인생을 살아가는 방법이 여의치 못하다 느껴지니 자신의 경험을 통해 꼭 한두 마디씩 젊은이들 삶에 훈수를 두고 싶어 한다. 노인들은 이런 마음에서 훈수를 두지만 듣는 사람들은 그걸 지혜로 듣지 않고 고리타분한 꼰대의 이야기라 여긴다. 이러니 노인이 아무리 지혜로운 이야기를 한다고 한들 그것을 받아 주는 청년들이 없다면 무슨 소용이 있겠는가? 나도 청년 시절에 교수

생활을 하면서 선배님들의 지혜로운 말을 그냥 해 보는 잔소리쯤으로 여긴 적이 있다. 물론 내가 철이 덜 들어서 그렇긴 하지만 지나 놓고 보니 그 한마디 한마디가 지혜 그 자체다.

그런 지혜를 왜 그때는 알아듣지 못했을까? 이런 후회를 하면서 후학들에게 좀 더 진지하게 일러 주고 싶었다. 하지만 이 청년들이 받는 느낌 역시 내가 청년 시절에 받았던 느낌과 별반 다르지 않아 보였다. 나는 첫 직업을 연세대학교 의과대학 교수로 출발하여 이화여대 의과대학 교수로 정년 퇴임을 했으니 30년 넘게 교직 생활만 해 온 경험뿐이다. 이 일생 동안의 내 역할을 마감하면서 정년 퇴임 때 기념 강연을 했는데 한동안 무슨 이야기를 해 주어야 늙은이가 하는 통상적인 꼰대 같은 인상을 주지 않을까 고민을 했다. 나는 정년 퇴임 기념 강연 제목을 "지금까지 나는 여러분의 스승이었습니다. 오늘 정년 퇴임을 맞아 오늘부터는 여러분이 나의 선생입니다"라고 정했다. 이 제목은 내가 수차례 고심 끝에 정한 것이지만 내가 실제로 경험한 것이기도 하고 미래의 염원을 담은 것이기도 하기 때문에 그냥 관행이나 허식 같은 퇴임 기념 강연은 아니었다.

나는 그 이유를 다음과 같이 설명했다. 나는 의과대학 교수로 학생과 수련의들을 교육시키고, 마음이 불편해서 찾아오는 환자를 돌보고, 또 주제를 갖고 연구하는 세 가지 역할을 수행하면서 30여 년을 보냈다. 혼자 세 가지 역할을 해내자니 어느 것 하나 만족스럽게 하지 못해 후학들에게 그저 미안한 생각이 많다. 그런데 정년 퇴임으로 교직을 떠나면 분명 교직에 있을 때보다 그 역할을 더 만족스럽게 해낼 수 없을 것이다. 학교에 있을 때는 하나라도 더 제자들에게 알려 주고 싶은 마음에 정신의학 관련 최신 정보나 지식을 열심히 공부하여 전달했지만 내가 정작 학교를 떠나고 보면 그럴 기회가 많이 줄어들 것이다. 그렇기 때문에 최신 의학 정보나 자료들은 제자들이 공부해서 내가 자기들을 가르쳤듯이 나에게 가르쳐 달라는 희망을 이야기한 것이다.

나는 정년 퇴임 이후 지금까지 이 말을 행동으로 실천해 오고 있다. 내 제자들은 지속적으로 최신 의학 정보나 경험을 쌓기 때문에 내가 미처 알지 못하는 것을 알고 있다. 틈만 나면 나는 궁금한 것들을 제자들에게 묻는다. 그중에는 쉽게 이해할 수 있는 것도 있지만 발전 속도가 빨라 내 이해가 느린 것도 있다. 이렇든 저렇든 하나도 빠뜨리지 말아야 할 정보들이다. 이런 귀중한 정보를 나에게 알려 주니 내 궁금증도 풀리고 내 퇴임 기념 강연 제목과도 어울린다. 나는 내 후학이나 제자들이 친절하게 내 궁금증을 풀어 주는 데 대해서 무한한 감사를 느끼고 있다. 누가 이렇게 나한테 정보를 제공해 줄 수 있을까? 이런 생각을 하면 참 고맙고 고마운 일이다.

우리가 흔히 선생님이라고 부르는 호칭은 상대방을 존중한다는 의미로 많이 사용된다. 그러나 선생님의 원래 뜻을 보면 '학생을 가르치는 사람을 두루 이루는 말'이다. 그런데 한자의 뜻을 그대로 해석해 보면 먼저 태어났다는 말이다. 선先이란 먼저 또는 처음이란 뜻이고 생生은 태어났다는 뜻이니 넓은 의미로 사용하자면 나보다 먼저 태어난 모든 사람은 선생님이라고 존댓말로 불러도 크게 틀리지는 않을 것 같다. 하루 빚이 무섭다고 하루의 경험이란 지혜를 쌓는 데 귀중한 것이기 때문에 도처에 선생님 아닌 분은 없다.

나는 막 정신과 의사가 되었을 때는 환자를 만나면 환자란 인격이 황폐되어 일상적인 사회생활을 하지 못하는 그런 환자를 일컫는다고 생각했다. 경험을 쌓으면서 정신장애인들과 밀접한 생활을 하다 보니 내 생각이 얼토당토않은 편견이었음을 점차 깨닫게 되었다. 정신과 의사 초기의 내 편견에 대해 변명하자면, 교과서에서 그렇게 배웠기 때문이다. 지금은 조현병이라고 부르는 정신분열증을 처음 발견했을 때는 '조발성 치매'란 병명을 붙였다. 이 병을 발견한 학자들은 사춘기를 전후하여 이유도 없이 시름시름 앓다가 인격의 황폐화를 초래하여 치매 상태에 이른다고 주장했다. 이후 많은 학자와 임상가들이 더 세밀하게 관찰하고 연구해 본 결과 모든 조발성 치매자가 인격의 황폐화를 겪는 것은 아니라는 점을 발견했다. 말하자면 정신장애인이 앓고 있는 정신병리적인 현상은 그 개인의 정신 상태의 일부이지 모든 사람이 한결같이 치매 상태에 이르지는 않는다는 것을 연구해 냈다.

내가 정신과를 공부하면서 많은 환자를 보았지만, 초기 진단으로 조발성 치매라고만 진단할 수 있는 장애인은 그리 많지 않았다. 정신장애인이 고통받고 있는 마음의 한 부분을 제외하면 그 밖에 능력은 나보다 월등히 뛰어난 분들이 많았다. 예를 하나 들어 보면 이런 일도 있었다. 음악대학에 다니는 환자 한 분이 입원을 했다. 불면증과 우울증을 치료하기 위해 입원을 했었는데 그때 우리 병실에서는 금요일마다 금요음악회라는 이름을 붙여 봉사자를 초청하여 음악회를 열곤 했다. 한번은 초청된 봉사자가 사정이 있어서 오시지 못하게 되었다. 나는 이 음악회를 정식 음악회가 아니라 환자들을 치료하기 위한 방법으로 사용했던 터라 봉사자가 오지 않는다고 해서 미룰 수가 없었다. 그래서 실습 나온 의과대학 학생들에게 누가 피아노를 연주할 수 있으면 대타로 해 주면 좋겠다고 요청했다. 한 학생이 지원을 해서 금요음악회를 무사히 마쳤다. 음악회를 마치면 환자들과 둘러앉아 음악회를 활용하여 치료적으로 얼마나 환자에게 전달되었는지 토론하는 시간을 가졌다. 음악대학에 다닌다는 그 환자의 말은 이렇다. "이번 연주자는 참 좋은 곡을 들려주셨는데 몇 번째 소절에서는 음계와 박자가 맞지 않았습니다." 나는 이 말을 듣고 깜짝 놀랐다. 정신장애자는 조발성 치매처럼 모든 인격이 황폐화되어 능력이 없는 인간으로 살 수밖에 없다는 내 선입관을 많이 수정하고 있던 중이라서 그런 내 생각이 옳다는 증거를 그 학생으로부터 다시 확인받았다.

이러니 나에게 어떤 것이든 가르침을 주는 분은 연령 고하를 막론하고 고마운 선생님이다. 내가 교수로 일평생을 재직했다고 해서 나만 선생이 아니다. "젊은 세대를 존중하고 그들의 견해를 존중하라. 조언하되 비평하지는 마라. 미래를 열 사람은 젊은이들이다." 그래서 이 충고는 나이 든 사람일지라도 귀 기울여 들을 만한 선생님의 말씀이다. 이런 충고도 머리로는 이해가 되겠지만 선뜻 실행으로 옮기기는 어려운 요인들이 많다. 아마도 제일 큰 요인은 노인들에게 젊은이는 언제나 철이 덜 든 서툰 젊은이로만 보일 것이라는 점이다. 되돌아 생각을 해 보자. 우리도 나이가 들면서 지금에 이르지 않았는가. 내가 경험한 일생의 지혜도 중요하지만 새로운 세대를 맞아 청년들만이 경험한 것들을 우리 노인들이 귀 기울여 듣는다면 그 또한 도움이 되는 일이 아닐까 싶다.

그런데 왜 노인들은 자기 경험만을 젊은이들에게 강요하듯 말하고 젊은이들은 왜 노인들의 지혜로운 말을 들으려 하지 않을까? 아마도 전달하고 소통하는 방법이 문제인 것 같다.

노인들이 먼저 청년들의 경험이 미숙할지라도 그들을 이해하려고 든다면 청년들이 왜 노인들의 이야기를 듣지 않겠는가? 소통 방법에 대해 한 번쯤 생각해 보자. 그리고 실천해 보자. 실천하는 만큼 나에게 발전이 있을 것이다.

노후를 위한 비자금

살아 보니 나이 들수록 돈이 더 필요하다. 그냥 돈이라고 표현하기보다는 비자금이 필요하다. 비자금이라는 단어가 사회적으로 부정의 온상인 것처럼 자주 보도되어 쓰기가 불편하나 내가 말하는 비자금은 노인이 되어서도 자기 앞가림은 자기가 할 수 있을 정도의 돈을 의미하는 것이다.

돈에 관하여 내가 글을 쓴다고 하는 것 자체가 우스운 이야기이다. 내가 생각해도 우습지만 나를 아는 친구들이 보아도 웃을 일이다. 내가 돈에 대해서 무지한 생각을 갖고 있었을 뿐만 아니라 말도 되지 않는 돈에 대한 편견이 있었기 때문이다. 그러니 나 스스로 나에게 붙여 준 별명이 '돈 바보'이다. 이 별명은 내가 나에게 붙여 준 말이니 양해해 주기 바란다. 나의 이런 특성에 대해 앞에서도 거론한 바 있지만 '돈을 돌같이 보라'라든가 '돈은 목적이 아니라 수단이다' 이런 말들은 내가 그 뜻도 이해하지 못하는 어린 시절부터 부모님으로부터 들어온 것이다. 돈은 돈인데 왜 돌 보듯이 하라고 했을까? 이런 궁금증만 가졌어도 나는 돈 바보가 되지 않았을 텐데 부모님이 하신 말씀이니까 뜻도 모른 채 어설픈 내 생각대로 그냥 받아들여 그냥 머리에 각인되었다. 어른이 되어 생각하니 돈에 대해 지나친 욕심을 갖지 말라는 숨은 뜻이 있는 것 같은데 그것을 그 어린 나이에 어떻게 헤아린단 말인가? 목적이나 수단이라는 말의 뜻도 모르는데 돈을 목적으로 삼지 말고 수단으로 삼아야 한다는 말을 어떻게 이해하겠는가? 나는 이 돈에 대한 뜻깊은 생각을 어른이 되어서도 오랫동안 해 보지 못했다. 그러니 돈에 대해 관심을 갖고 돈을 모으지 못한 것을 오래도록 부모 탓으로 돌리면서 나의 무지를 합리화하곤 했다.

정신과를 하면서 그나마 알아차린 것이 있다. 돈에 대해서 무지한 나의 모습을 가지고 부모 탓으로 돌리는 것이 마땅한 합리화가 아니라는 것이다. 따지고 보면 설령 부모님이 그런 말씀으로 하셨다고 하더라도 내가 궁금증을 가지고 탐색하고 실천했다면 돈에 관한 한 지금의 내 모습이 아니었을 것이다. 결국 따지고 보면 내 탓이지 부모님 탓이 아니다. 부모님으로부터 영향을 받은 것은 사실이지만 뜻도 모르고 무조건 그 말

만 머리에 새겨 어른이 되기까지 살아왔으니 돈이 나한테 와
서 살갑게 붙어 줄 이유가 없다.

내가 돈을 풍족하게 갖고 살면서 그런 말을 하고 지냈다
면 조금은 이해할 수도 있겠으나 나는 6.25 사변 때를 시작으
로 안정된 직업을 가질 때까지 20여 년 동안은 경제적인 어려
움 속에서 허덕였다. 그렇게 허덕이면서도 내 머릿속에 각인
된 뜻도 모를 두 가지 편견에 사로잡혀 있었으니 바보가 아닐
수 없다. 더욱이 그런 편견을 가질 때도 좋고 나쁘다는 이분법
적인 해석을 했고 내게는 나쁘다는 이미지가 더 컸다. 지금 생
각하면 어른이 되어서도 그토록 긴 시간 동안 편견을 놓지 않
고 그래도 간직을 하고 있었으니 참 미련한 효자다. 다행히 20
여 년이 지나 다소 안정된 경제생활을 누릴 수 있었으나 소위
말하는 치부致富(재물을 모아 부자가 됨)는 하지 못했다. 나에게도
치부할 수 있는 기회가 없었던 것은 아니나 편견에서 헤어나
지 못해 기회를 놓치고 만 것이다. 요사이 텔레비전을 보다 보
면 장관 임명을 위한 청문회가 자주 열린다. 하나같이 빼놓지
않고 나오는 청문의 주제는 부동산이다. 그 부동산도 적법한
방법으로 거래한 것이 아니고 편법을 통해 이득을 취하고 치
부를 한 것이 문제가 되어 임명 동의를 받지 못하는 경우가 많
다. 나도 그들과 동시대를 살았으니 그런 기회가 왜 나에게는
없었겠는가. 친구들로부터 그 같은 권유도 많이 받았다. 하지

만 나는 그럴 만큼 여윳돈도 없었지만 그런 말도 되지 않는 나만의 편견에 사로잡혀 기회를 물리치고 만 것이다.

지금 생각하면 내가 청렴하게 산 것처럼 비춰질지도 모르겠지만 천만의 말씀이다. 내가 그런 편견을 갖고 있지 않고 다소의 여윳돈이 있었다면 부동산으로 치부하는 분들과 하나도 다르지 않았을 것이다. 이런 말을 길게 늘어놓은 이유는 내가 좀 더 내 편견에 대한 올바른 생각을 가지고 있었다면 하는 일말의 후회가 있기 때문이다. 편견이긴 했지만 그 편견을 미련하게 믿고 살아온 탓에 경제적으로 어려움을 겪은 시간은 좀 길었으나 다른 한편으로는 그런 미련함 때문에 사회적으로 비난받을 만한 부동산 소유 같은 일은 없었으니 얼마나 다행한 일인가 하고 억지 위안을 해 보기도 한다.

결론적으로 나는 경제적인 치부, 요즘 말로 하면 건강한 재테크에 대해서 말할 자격도 없거니와 그런 말을 다른 사람들에게 할 만큼 지식이나 경험을 갖고 있지 못하다. 그런데도 내가 재테크에 대해서 말하는 이유는 내 친구로부터 받은 메일 한 통 때문이다. 고ᵃ 삼성 이건희 회장(1942~2020)이 평소에 말했다는 어록을 정리해서 이메일로 보내 준 것을 읽어 보고 용기를 내어 쓴다. 여러 어록이 있었으나 나의 시선은 돈에 관한 어록에 집중되었다. 두 번 세 번 읽어 보아도 가슴에 와닿는 말이다. 내가 공부한 정신분석학의 가장 기본적인 개념

중에 정신 결정론이란 것이 있다. 쉽게 말하면 어떤 결과든 그 원인이 반드시 있다는 것이다. 이를 응용해서 생각해 본다면 삼성을 세계 반열에 올려놓은 삼성 이건희 회장의 업적은 반 드시 그럴 만한 이유가 있었을 것이다. 그래서 내 삶에서 가장 취약점이라고 할 재테크에 대해서 나는 이분과는 무엇이 달라 서 그런 것일까 하는 궁금증에 몇 번이고 어록을 읽었다. 지금 이 나이가 되어 그의 어록을 읽으니 그가 한 말에 숨어 있는 깊은 뜻까지 이해할 수 있는 능력은 생겼으나 그 말을 믿고 실 천에 옮기기에는 너무 늦은 나이다. 나에게는 늦었지만 지금 경제적인 어려움에서 헤어나지 못하고 고민하는 많은 젊은이 에게는 훌륭한 나침반이 될 어록이라서 그대로 옮긴다. 지금 부터 자기 분수에 맞게 실천해 보기를 권한다.

- 돈은 거짓말을 하지 않는다. 돈 앞에서 진실하라.
- 헌 돈은 새 돈으로 바꿔 사용하라. 새 돈은 충성심을 보여 준 다.
- 돈을 내 맘대로 쓰지 말라. 돈에게 물어보고 사용하라.
- 돈을 애인처럼 사랑하라. 사랑은 기적을 보여 준다.
- 돈의 숨소리에 귀를 기울여라. 인색하지 말라. 인색한 사람에 게는 돈도 야박하게 대한다.
- 돈은 돈을 좋아한다. 생기는 즉시 입금시켜라.

· 티끌 모아 태산이 된다. 작은 돈에도 감사하라.
· 돈이 가는 길은 따로 있다. 그 길목을 지키며 미소를 지어라. 더운 밥 찬 밥 가리지 말라.

내가 진작 이런 어록을 알았더라면, 그것도 말만이 아니라 그 말에 숨어 있는 뜻까지 알 수 있었다면 얼마나 좋았을까? 위에 어록에서 내 마음에 가장 와 닿는 글귀는 이것이다. "돈을 애인처럼 사랑하라. 사랑은 기적을 보여 준다." 이것은 누구나 가슴에 새겨 두면 좋은 말이라 생각한다. 우리 모두 사랑해 보자. 돈을 애인이 아니라 돌처럼 생각하는 사람에게 돈이 따라오지는 않을 테니.

2장

시간이 지나도
변치 않는 믿음

나답게 산다는 것

굳이 초콜릿을 먹지 않으려고
애쓰는 것은 참 쓸데없는 짓이다

이 제목도 친구가 보내온 '노인들이 지켜야 할 일 50가지' 중에 포함된 글이다. 무슨 이야기일까? 먹는 것을 가리지 말라는 뜻일까? 기회가 닿으면 무엇이든지 먹으라는 건가? 숨은 뜻이 있을 텐데 잘 모르겠다. 결국 '먹고 싶은 것을 먹고 살아라'라는 의미가 아닐까 하고 혼자 그 뜻을 새겨 보았다. 그렇지 않아도 요즘 방송 매체를 보면 서로 앞다투어 '먹방'을 하고 있으니 그 말도 맞긴 맞나 보다.

먹는 이야기가 나왔으니 몇 가지 기억나는 것을 적어 본다. 우선 초콜릿 이야기이다. 내가 처음 초콜릿을 먹어 본 것은 1945년에 일제로부터 해방이 되었을 때다. 해방이 되자 미군들이 한반도에 상륙했는데 내가 살던 대구에도 미군 병영이

들어섰다. 초콜릿은 이때 먹어 본 것인데 두 갈래를 통해서 내 손에 들어온 초콜릿이다. 하나는 미국 원조 물자를 통해 학교에서 받아 본 초콜릿이고, 다른 하나는 친구들과 어울려 미국 병영을 찾아가 "기부 미 초콜릿", "기부 미 추잉 껌"이라는 말을 배워 미군들로부터 직접 받아 본 초콜릿이다. 초콜릿뿐만 아니라 설탕, 드롭프스 같은 사탕류를 많이 먹었다. 단맛도 있지만 난생처음 먹어 본 것들이라 닥치는 대로 먹었다. 네팔 트래킹을 하며 산간 지역을 지나가면 '어린이들에게 사탕을 주지 마세요'라는 팻말이 많이 보인다. 사탕을 먹으면 이빨이 상해서란다. 내가 처음 먹을 때는 그런 말을 해 준 사람도 없고 팻말이 붙은 적도 없어서 닥치는 대로 먹었다.

이때 커피도 처음 마셔 보았다. 이 커피는 미군 전투식량인 레이션 박스 안에 들어 있었는데 친구들과 함께 미군을 졸라 한 박스 얻어 그 안에 든 커피를 무엇인지도 모르고 먹었다. 전부 영어로 설명이 써 있으니 어떻게 먹는지 알 길이 없었으나 친구들과 머리를 맞대어 궁리한 끝에 한 묶음으로 된 커피와 프림 그리고 설탕을 넣어 냄비에 끓여 마셨다. 함께 마신 우리는 갑자기 가슴이 뛰고 얼굴이 붉어지면서 안절부절못했는데 병원에 가서 무슨 주사인지 주사도 맞고 그래서 회복된 경험이 있다. 닥치는 대로 무엇이나 먹어서는 안 되겠구나 하는 생각을 그때 했다.

우리나라 사람들은 외국 사람들보다는 유별나게 먹는 데 관심이 많은 것 같다. 한때는 보릿고개라고 해서 식량이 모자라 굶기도 하고 소나무 껍질을 벗겨 죽을 쑤어 먹은 경험도 있는데 그래서 생긴 식탐일까. 무슨 음식이 몸에 좋다고 입소문을 타면 그 음식은 당일로 동이 나 버린다. 요즘은 텔레비전 말고도 매체가 많이 생겨 어떤 음식이 좋고 어떤 음식이 나쁘다는 등의 정보가 난무한다. 귀가 얇은 사람들은 이런 정보를 접하고 진위를 확인할 것도 없이 너도나도 구해서 먹는다. 음식뿐 아니다. 몬도가네 같은 보양식들도 많은데 몸에 좋다고 하면 이것저것 가리지 않는다. 뱀탕도 있고, 겨울잠 자는 개구리를 잡아먹기도 하고, 곰을 사육하면서 쓸개에 튜브를 넣어 따라 먹기도 하니 기이하지 않을 수가 없다. 우리나라 안에서도 그렇겠지만 걱정스러운 보신주의자들은 외국에 나가서까지 먹고 온다. 그런 일이 하도 많아서 내가 장난삼아 쓴 칼럼이 하나 있다. 오래전에 "남성 심리"라는 제목으로 조선일보에 일 년간 연재한 적이 있다. 장난스러운 칼럼의 내용은 이렇다. 몬도가네 같은 양기를 돋운다는 보양식을 먹지 말 것을 호소하면서 여기저기 넘쳐나는 바퀴벌레가 양기에 좋다고 썼다. 근거 없는 이야기이지만 장난스럽게 그렇게 썼다. 내가 좋다고 한들 믿을 사람이 많지 않을 것이기 때문에 가짜로 외국의 생화학자 레벌퀴바 박사가 쓴 논문을 인용한 것이라고 쓰고

'성질 급한 분은 지금 바퀴벌레를 잡아먹고 있을지 모르겠는데 제발 그렇게 하지 마세요'라는 말을 덧붙였다. 레벌퀴바 박사는 바퀴벌레를 거꾸로 발음하여 조작한 이름이다. 나는 이 칼럼을 쓰고 나서 많은 전화를 받았다. 내가 쓴 칼럼의 내용에 공감하고 몬도가네 같은 보양식을 먹지 않겠다고 동의하는 사람이 있기를 원했는데 며칠을 두고 받은 수많은 전화는 전혀 예상 밖이었다. 예를 들면 레벌퀴바 박사의 주소를 알 수 있느냐고 문의하기도 하고 바퀴벌레로 약재를 만들어 팔면 돈을 벌 것이라고 하는 사람도 있고 동업을 하자는 제안도 많이 받았다. 내가 그 칼럼을 통해 목적했던 것과는 전혀 다른 반응이라서 실소하지 않을 수가 없었다.

요즘도 먹거리와 관련한 이런 습관들이 없어지지는 않았겠지만 옛날보다 약간은 달라진 것도 같다. 요새 많은 사람을 만나고 보면 건강보조약품이란 것을 많이 먹는 것 같다. 건강보조약품은 식약청에서 허가를 받고 생산한 것이니 몬도가네 같은 보양식과는 좀 다르다. 얼핏 진일보한 것 같은 인상이지만 이 또한 식탐이다. 약이란 본래 치료 목적으로 개발된 것이지 왜 또 건강보조약품이라는 이름으로 따로 나와야 할까? 이런 의문이 든다. 미국이나 유럽을 여행하는 분들 중에 많은 사람이 지인들에게 줄 선물로 이 건강보조약품을 사 온다. 어쨌든 보양식이든 건강보조약품이든, 아니면 몸에 좋다는 먹거리에 이르기까지 입으로 들어가는 것이면 과욕을 부린다. 이런 식탐은 정신분석학적으로 보면 인격 발달의 가장 초보 단계인 구순기Oral stage에 머물러서 그렇다는 해석도 있다. 그런 가설도 있지만 나는 내가 겪은 경험으로 미루어 보면 보릿고개 탓이 아닐까 싶다.

세계보건기구에서 10가지 건강 수칙을 발표하면서 그 첫 번째로 올린 내용이 음식에 관한 것인데 '음식은 골고루 먹어라'라는 것이다. 여기에서 강조한 것은 '골고루'이다. 우리 주변을 보면 이 단순하고 쉬운 충고조차 듣지 않고 편식하는 사람들이나 무턱대고 건강식품이라고 해서 탐닉하는 사람들이 많다 보니 참 안타깝다는 생각이 든다. 세계보건기구의 권장처럼 골고루 먹자. 골고루 먹는 것이 보양식이고 건강식이니 더 탐낼 것이 무엇이 있겠는가.

당신의 삶을 다른 사람들과
비교하지 말라

이미 많은 선현들이 '살아가면서 다른 사람들과 비교하지 말라'는 말씀을 했고 우리는 실제로 이런 말을 많이 들으며 산다. 그런데 이런 말을 듣고도 실감하는 사람은 별로 없다. 좋은 말씀인데 왜 실감하는 사람은 드물까? 생각해 보면 앞에 보이는 모든 것이 나 자신과 비교가 되는 마당에 비교를 하지 말라니, 억지 같은 말로도 들릴 법하다. 이렇게 보면 우리가 살아가는 과정 가운데서 비교가 되지 않는 것이 없다. 그럼에도 왜 다른 사람들과 비교하지 말라는 말씀을 하는 선현들이 많았을까? 내가 이 말의 진정한 뜻을 이해하기까지는 시간이 많이 걸렸다.

학교에서 공부를 하면 누가 잘하고 누가 못하는지 비교

가 되고 운동을 하더라도 잘하는 사람과 못하는 사람이 구별된다. 구별이 안 되는 것이 없는데 이 구별 자체가 비교가 아닐까. 나는 어릴 때 공부를 하면서 늘 우리 반에서 1등을 하는 내 친구와 나 자신을 비교했다. 시험을 치고 성적이 나오면 늘 그 친구와 비교했다. 고등학교에 다닐 때는 건장한 친구들과 항상 비교를 했다. 그도 그럴 것이 내 키가 178cm인데 몸무게가 54kg이었으니 나는 체격 좋은 친구들과 나 자신을 비교하면서 그들을 부러워했다. 어른이 되면서는 경제적 기반이 비교되기도 하고 직장에서의 서열이 비교되기도 했다. 이렇게 적다 보니 내 일생도 비교에서 시작해서 지금도 비교의 울타리를 벗어나지 못한 느낌이다.

1970년대 초 한국정신치료학회가 경봉 스님을 모시고 경남 양산 통도사의 극락암에서 세미나를 연 적이 있다. 주제는 '나는 누구인가?'였다. 이 세미나에서 내 선배 한 분이 부산에 개업한 자기 병원으로 전화를 했다. 전화기를 들고 첫마디에 "난데…" 그러고는 환자들의 상태를 물었는데, 이 광경을 보신 경봉 스님이 오늘의 세미나 주제 강연의 핵심이 무엇인지 저 친구가 답을 주었으니 내가 할 말이 없다고 하셨다. 무슨 뜻인지 선뜻 알기가 어려워 어리둥절하고 있는 우리에게 경봉 스님은 '나는 누구인가?'라는 질문에 가장 적합한 대답은 방금 내 선배가 전화하며 꺼낸 첫마디 "난데…"라는 것이라고 말씀하셨다. 자신의 주체성을 말하는 것이었다.

나는 세미나를 마치고 집으로 돌아와 초인종을 눌렀다. 인터폰에서 들려오는 낯선 목소리가 "누구세요?" 한다. 나는 세미나 때를 기억해서 흉내를 내 보았다. "내다" 그랬더니 "내가 누구세요?" 한다. 내가 우리 집에 와서 초인종을 눌렀는데 누구냐고 묻는 것까지는 양해가 되는데 "내다"라고 대답을 했는데도 내가 누구냐고 다시 물으니 어안이 벙벙하다. 혹시 남의 집 초인종을 누른 것이 아닌가 한번 두리번거려 보았지만 우리 집이 확실하다. 그런데 "내가 누구세요?"라는 질문에 어떻게 대답을 해야 할지 생각이 떠오르지 않았다.

"이 집 주인인데…", "내가 이근후입니다" 등등 설명은 할 수 있으나 마땅한 설명이 아니다. 나중에 알고 보니 내가 세미나를 간 사이에 새로 우리 집에 온 도우미였는데 내가 초인종을 누르고 "내다"라고 한 대답이 이해될 수 없었을 것이다.

사람들은 정신 건강의 요체를 자기 정체감의 주체성에 둔다. 주체성이 있는 편이 없는 편에 비해 더욱 건강하다는 뜻이다. 이 주체성을 기준으로 두고 비교에 대해 설명을 해 본다면 주체성이 약할수록 비교하는 심리가 커진다. 자기가 자기 자신임을 확신하는 힘이 약하면 자연히 타인을 의식하게 되고 타인을 의식하다 보면 비교가 되지 않을 수 없다. 주체성이 강한 사람은 그 주체성을 바탕으로 타인을 보기 때문에 비교는 되겠지만 저런 사람도 있구나 하는 정도로 넘긴다. 주체성이 약한 사람은 자기 자신에 대한 확신이 적기 때문에 남을 보면 남의 모습이 기준이 된다. 그러니 비교를 통해서 자기는 항상 열등하다고 생각하기 마련이다.

주체성이 강하다고 해서 비교하는 마음이 전혀 없는 것은 아니겠지만 주체성이 적은 사람에 비해 상대적으로 비교하는 일이 적다. 비교는 사람들에게 열등감을 심어 주지만 반대로 우월감을 심어 주기도 한다. 자기보다 우월한 사람을 만나면 열등감을, 자기보다 못한 대상을 만나면 우월감을 느끼는 것이다.

일상생활에서 비교라는 것은 완전히 없앨 수는 없으나 이 비교 때문에 매사에 자신을 못난이로 취급하여 열등감 속에 매몰된다면 그 하나만으로도 온전한 삶을 살아가기는 어려울 것이다. "자기 자신을 알라"라는 말에서부터 "인생을 자기 분수대로 살아라"로 이어지는 명언들도 따지고 보면 서로 비교하는 습관으로부터 벗어나라는 충고일 것이다. 우리 속담에 "뱁새가 황새 쫓다가 가랑이 찢어진다"는 말이 있다. 맞는 말이다. 황새는 다리가 길고 뱁새는 다리가 짧다. 그 짧은 다리로 긴 다리를 가진 황새를 따라가자니 가랑이가 찢어질 수밖에 없다. 나는 이 속담을 뒤집어 생각해 본다. "황새가 뱁새 둥지에 들어가자면 다리가 부러진다." 뱁새의 둥지는 황새의 둥지에 비해 작을 것이다. 그러니 그 작은 뱁새의 둥지에 들어가려고 황새가 시도한다면 들어갈 수도 없으려니와 다리는 부러지고 말 것이다. 이 말에 대해 생각해 본 까닭은 황새는 황새고 뱁새는 뱁새이기 때문이다. 이 다른 두 새를 비교하는 것은 마치 사람들이 자신의 우열을 타인과 비교하는 것과 마찬가지다. 황새는 황새 나름의 특성이 있고 뱁새는 뱁새 나름의 특성이 있다. 마찬가지로 사람들은 나는 나만의 특성이 있고 다른 사람은 다른 사람 나름의 특성을 지니고 산다. 그 특성은 황새나 뱁새의 특성이 비교될 수 없는 것처럼 서로 비교될 수 있는 것이 아니다.

"너 자신을 알라"는 말씀도 자신의 특성을 알라는 것을 깨우쳐 주는 경고이고 "분수대로 살라"는 말 역시 자기 자신의 특성을 인정하고 그 특성을 주체성으로 삼으라는 경구인 것 같다. 나를 남과 비교하여 우열을 가리는 습성은 누구에게나 있는 자연스러운 것이다. 자연스러운 것이긴 하지만 이 우열과 비교에 집착하여 살아간다면 어느 쪽이든 정신적으로 건강하다고 볼 수 없다. 비교하는 마음이 아무리 자연스럽고 누구에게나 있는 것이라고는 하지만 매사를 비교하면서 산다는 것은 괴로운 일이다. 이 괴로움으로부터 벗어나기 위해서는 내가 나임을 확신하는 주체성을 강화하고 자기 나름의 특성을 의지하고 살아야 할 것이다. 그렇게 하면 비교하는 마음은 상대적으로 줄어들지 않을까 싶다.

내가 나임을 확신하고 나답게 사는 것이 비교를 줄이는 비결이다. 이 말은 나 이외에 다른 사람들의 삶에도 적용되는 것이다.

비밀에 부쳐야 하는 인간관계는
맺지 않는 편이 좋다

　비밀(숨기어 남에게 드러내거나 알리지 말아야 할 일)이란 단어를 놓고 보면 판도라 상자처럼 그 안에 감추어진 것이 많을 것 같다. 정말로 비밀이란 있을 수 있는 것인가? 이런 생각을 해 보면 있을 것 같기도 하고 없을 것 같기도 하다.

　내려오는 속담에 두 사람이 아는 비밀은 없다고 했다. 두 사람이 알고 있는 비밀이라면 그건 이미 비밀이 아니라는 뜻이다. '발 없는 말이 천리 간다'고 했으니 둘 중 한 명이 입을 벌렸다면 그 비밀은 순식간에 천리를 갈 것이다. 이것은 옛날 속담인데 지금 생각하면 인터넷에 올라오는 여러 가지 비밀 폭로에 비하면 호랑이 담배 먹던 시절 이야기이다. 그러고 보니 혼자만 알고 있는 것이라야 비밀이 될 텐데 이것조차 참지 못하고 고백해 버린다면 이 또한 비밀이 아닐 것이다. 되돌아보면 사람이 살면서 감추어야 할 일이 없지도 않겠지만 그 내용을 객관적으로 살펴보면 일생 동안 입을 다물고 살아야 할 만큼 위중한 내용은 아닐 것 같다. 모르긴 해도 객관적으로 보기에는 웃고 넘길 사소한 일이 더 많을 것 같은데 그 사소한 일조차 비밀로 삼아야 하는 그 당사자에게는 그것이 결코 사소한 일이 아닐 것이다.

사람들은 남의 말 하기를 좋아한다. 대개 추켜세우고 칭찬하는 말보다 흠잡고 흉보는 말을 더 많이 한다. 자기가 알고 있는 정보나 이야깃거리를 혼자 마음속에 담아 두지 못하고 여러 사람에게 이야기하고 싶은 욕구는 누구에게나 있는 평범한 욕구이다. 오죽하면 "임금님 귀는 당나귀 귀다"라고 숲속에서 소리친 신하의 우화가 있을까. 임금님의 귀가 커서 당나귀 귀처럼 생긴 것을 본 신하가 말하고 싶은 욕구를 참다못해 숲속에 들어가 혼자 외쳤다는 우화다. 그런 소문을 내면 임금으로부터 엄한 처벌을 받을지도 모르는데 그런 위험을 무릅쓰고 말을 토해 내지 않으면 못 견딜 정도라서 그랬을 텐데 말에 관한 한 우리 모두가 그 신하에 못지않을 것이다.

비밀이라는 주제와 관련하여 마음의 고통을 안고 나를 찾아와 상담을 한 내담자들 중에 몇 분이 생각난다. 그중 한 분은 강원도 산골에서 이웃도 없는 화전민으로 살았는데 남매로 자랐단다. 오빠는 도회지에 나가 교육을 받고 초등학교 교사가 되었다. 방학에 집으로 돌아와 자기 여동생을 성폭행하고는 이런 사실을 부모에게도 알려서는 안 된다고 하면서 평생 동안 비밀로 지키라고 했단다. 이 여동생은 그 일이 있은 후 서울로 가출하여 공장에 취직을 했다. 당시는 산업화가 급속도로 이루어지던 시기라 여공이 많이 필요했다. 이 환자도 그 틈에 끼어 큰 방직공장에 취직했는데 입사하기 위한 신체검사에서 임신한 것이 발견되었다. 신체검사를 하던 의사가 임신시킨 아기 아빠가 누구인가 질문을 했더니 자기 아버지 이름을 댔단다. 의사는 깜짝 놀라 지능이 좀 부족한 것이 아닌가 아니면 그 아버지가 몹쓸 사람인가 알 수가 없어 정신과에 자문을 한 것이다. 이것이 인연이 되어 몇 년 동안 그를 치료했다. 그 환자분은 출산을 하여 곧바로 아기를 양부모에게 입양시키고 공장 일을 열심히 했다. 그러는 사이 애인이 생겨 사귀다가 결혼을 약속했다. 이 환자는 자기가 출산한 적이 있다는 과거가 불안하여 안절부절못하고 나에게 조언을 구했다. 결혼할 배우자에게 이 비밀을 고백해야 할지 감추어야 할지 물었다. 당시 사회 분위기로는 결혼 전 성적 행동이 크게 흠이 되던 시기였으므로 나도 어떤 조언을 해야 할지 망설였다. 나는 망설임 끝에 그 비밀을 지키라고 조언했다. 결혼하면 결혼 이후의 행위가 중요한 것이지 지나간 일들은 묻어 두는 것이 좋겠다고 말했다. 이것은 거짓말하라는 것이 아니라 묻지 않으면 대답하지 말라는 뜻으로 해 준 조언이다.

이와는 다른 경우도 경험했다. 혼전에 여러 남자를 사귀었던 환자인데 결혼하고 나서 남편에게 자신의 연애 전력에 죄의식이 느껴져 이를 참지 못하고 모든 비밀을 미주알고주알 고해성사하듯이 남편에게 고해 바쳤다. 그녀는 이 비밀들을 실토하고 나서는 후련한 마음으로 남편을 대했는데 정작 남편은 몰라도 될 마누라의 비밀을 듣고 보니 황당하기 짝이 없다. 그래서 그가 자기 부인에게 한 말은 이렇다. "그 말을 왜 나한테 해서 내가 안 들은 것보다 못하게 만들었는가?" 비밀을 고백한 당사자는 후련할지 모르지만 안 들어도 될 많은 비밀들을 듣고 보니 들은 사람이 고통스러워진 경우다.

비밀은 인간관계에서 자연스럽게 존재하는 것이지만 특히 부부 관계에서는 서로의 정조에 대한 비밀이 부부 관계를 망칠 수 있는 사안이 되기도 한다. 과거에 비해서 지금은 서로의 과거에 대해서 묻지 않고 또 안다고 하더라도 서로 양해하여 지금의 행복을 더 중요시하는 경향이 두드러진 것 같다. 옛날에 비해 요즘 사람들의 비밀에 대한 생각이 더 진취적이고 관용이 있는 것 같아 좋게 보인다. 지나간 과거는 과거일 뿐이다. 지금부터 두 사람이 행복을 엮어 나가는 데 그런 비밀이 걸림돌이 되지는 않는 것 같아 다행스럽다.

할리우드의 유명한 배우인 톰 행크스는 할리우드에서 소문난 잉꼬부부로 결혼 생활을 한 사람이다. 그런데 그는 어쭙잖은 이유로 이혼을 당했다. 그는 몹시 당황하여 왜 자기가 이혼을 당했는지에 대해 깊이 반성해 보면서 터득한 것을 정리하여 부부 십계명이라는 이름으로 이를 지키면 행복한 결혼 생활을 할 수 있을 것이라고 조언한 바 있다. 그의 부부 십계명 중에는 부부간에는 비밀이 없어야 된다는 항목이 있다. 그런데 이를 어느 정도까지 지켜야 할지 기준이 모호하다. 사람마다 비밀을 간직하고자 하는 욕구나 기준이 다를 것이기 때문이다. "비밀이 많은 사람과는 교우를 하지 말라"는 말도 일리는 있으나 나는 달리 이렇게도 생각을 해 보았다. 인간관계에서 미주알고주알 자기 속내를 다 드러내 놓고 살기도 어렵지만 다 감추고 비밀에 부친 채 살아가기도 어렵다. 그렇다면 서로가 얼마만큼의 비밀을 간직하고 소통을 해야 할까? 그 기준을 나는 이렇게 생각해 보았다. 비밀이란 자기를 보호하는 수단이기 때문에 상대방이 그 비밀의 깊이를 알아들을 수 있는 정도로만 알리는 것이 어떨까 싶다. 그것은 자기의 이익을 위하여 감추는 비밀이 아니라 상대방을 배려한 비밀일 것이기 때문에 그런 기준을 생각해 보았다.

행복은
누구에게나 존재한다

사람들에게 살아가면서 가장 원하는 것이 무엇인지 묻는다면 어떤 대답이 제일 많이 나올까? 모르긴 해도 '행복'이라는 단어가 제일 많이 나오지 않을까 싶다. 행복은 형태가 있는 것이 아니고 우리 마음속에서 느껴지는 것이기 때문에 일괄해서 행복이란 이렇게 생긴 것이라고 설명하기는 무척 어렵다.

우리의 마음이 형체가 없듯이 행복이라는 것도 우리가 시각적으로 볼 수 있는 형체는 없다. 그런데 사람들은 어떻게 행복이라는 것을 느낄 수 있을까? 마음을 우리가 직접 관찰할 수는 없지만 간접적으로 무엇을 보니 아니면 그 사람이 행동하는 것을 보니 마음이 이럴 것 같다는 식의 간접적인 이해밖에는 할 수가 없다. 앞으로 의학이 더 발달해 무형의 마음까지

삶 만큼 살았다는 보통의 착각

도 우리가 직접 영상으로 볼 수 있는 시기가 올는지는 모르겠
지만 지금으로서는 간접적인 이해밖에는 할 수가 없다.

행복이란 마음이 느끼는 것이기 때문에 이 또한 간접적인
방법 이외에는 남들이 알아채기가 어렵다. 사람의 마음이 다
다르니 그 마음으로 인해 느껴지는 행복 또한 서로 다를 것이
다. 배고픈 사람에게 한 조각의 빵은 설명할 수 없을 정도로
행복감을 줄 것이다. 욕심이 많은 사람은 천금을 가지고 있어
도 더 많은 재화가 필요하기 때문에 상대적으로 행복감을 느
끼기는 부족할 것이다.

행복감의 근원을 생물학적으로 탐색해 들어가 보면 가장
기본적으로는 본능적인 충족일 것이다. 이 본능적인 행복감은
사람 이외에도 모든 생명체가 느낄 수 있는 것이 아닐까 짐작
이 된다. 사람들은 이 본능적인 욕구의 충족 이외에도 문화적
인 욕구를 충족하고 싶어 하기 때문에 행복의 갈래가 한두 가
지가 아니다. 어떤 행복이든 간에 그 행복을 느끼는 주체에게
는 쾌락이 동반해야 한다. 그러니 생물학적으로만 말한다면
쾌락이 곧 행복 아니겠는가.

본능적인 욕구든 문화적인 욕구든 그것들을 어떻게 추구
하느냐에 따라 긍정적인 것도 있고 부정적인 것도 있다. 대부
분은 긍정적인 것이긴 하지만 예를 들어 사회가 용납하지 않
는 방법이나 물질로 욕구를 충족하고자 한다면 그것은 부정적

인 욕구 추구일 것이다. 그처럼 부정적인 방식으로 얻은 쾌락도 같은 쾌락이지만 행복이라고 하기는 어렵다.

개인에 따라 행복의 기준은 다르겠지만 이 행복의 기준 또한 주변 환경에 따라 변화된다. 행복의 기준이 시간의 흐름, 시대의 변화에 따라 자꾸 높아진다는 말로도 설명할 수가 있다. 우리가 어릴 때 행복하다고 생각했던 기준이나 어른이 되어 행복하다고 생각하는 기준은 다를 수가 있다. 행복 그 자체는 다를 수가 없겠지만 그것을 느끼는 기준은 상황에 따라 달라진다는 이야기이다.

내가 경험한 행복관 가운데 하나는 우리 집에 관한 것이다. 나는 다섯 살 때부터 중학교 3학년 때까지 내 고향 대구의 집에서 살던 그 시절이 그렇게도 행복했다는 느낌을 지울 수가 없다. 또 다른 하나는 역시 집에 관한 행복감인데 신혼 초에 작은 월세방 하나를 빌려 살다가 몇 년 뒤에 방이 두 개 있는 전셋집으로 살림을 옮겼다. 그때 내가 느꼈던 집에 대한 행복감은 어릴 적 집에 대한 행복감처럼 지울 수가 없다. 어떻게 생긴 집이었길래 아직까지도 이처럼 행복감이 남아 있을까, 그런 궁금증을 갖고 오랫동안 살아왔다. 이 궁금증을 풀기 위해 십여 년 전에 내 고향 집과 처음으로 전셋집을 살았던 그 집을 찾아가 보았다. 다행히 옛날 모습이 변하지 않고 그대로 남아 있었는데 아마도 재개발 지역에서 벗어나서일 것이다.

나는 놀랐다. 어떻게 이런 집에서 행복감을 느끼면서 살았을까? 이런 의문이 크게 들었다. 이런 집에서 다시 살라고 하면 살지도 않겠지만 행복감은커녕 불만감을 갖고 살 것 같다. 남아 있는 집은 똑같은 모습인데 내가 느끼는 행복감에는 차이가 있다. 그때 느꼈던 행복감은 어디로 사라져 버리고 지금은 불만감이 일어날까? 그것은 집을 탓할 일이 아니다. 오로지 내 마음속 행복에 대한 기준이 달라졌기 때문이다.

지금 비록 그 옛날 집을 보고 만족스럽지는 않으나 회상해 보건대 그때는 행복감에 겨워 있었다. 심지어 서울에서 첫 번째 살았던 그 전셋집으로 이사를 하고 나서 마루에 벌렁 누워 나 혼자 속마음으로 이 행복감이 오래 지속되도록 기원했다. 입 밖으로 내지는 않았지만 내 평생 이런 집을 내 이름으로 소유할 수 있다면 더 큰 욕심은 내지 않으리라 맹세하기까지 했다. 나는 그 집을 다시 둘러보면서 그런 맹세를 입 밖으로 내지 않은 것이 얼마나 다행스러운 일인가 생각했다. 그러면서 입가에 슬그머니 웃음기가 돌았다.

그 전셋집은 시멘트로 네모지게 만든 블록으로 지은 집인데 판잣집을 겨우 면한 그런 집이다. 이런 내 마음속 행복의 기준이 바뀐 것을 생각하면 부끄러움이 없지는 않으나 달리 생각하면 내가 성장하면서 행복에 대한 욕구나 기준을 바꾼 것이 순리가 아닐까, 라는 생각도 해 본다.

우리에게 행복을 주는 조건으로 어떤 분들은 다음과 같은 세 가지를 든다. "세상에서 중요한 세 가지 금이 있는데 첫째는 황금이고, 둘째는 소금이고, 셋째는 지금이다." 이것이 행복의 조건이라면 금으로 표현되는 돈도 아니고 소금으로 표현되는 생물학적인 본능적 욕구만도 아니고 바로 지금이다. 지금 내 주변의 환경과 내 기준이 얼마나 근사치를 가지고 내 마음을 즐겁게 만들어 주는가, 그리고 긍정적인 쾌락이 있는지 없는지에 따라 행복감이 결정될 것이다. 일찍이 소크라테스는 다음과 같은 말로 우리에게 행복이 무엇인가를 일깨워 주었다. "자신이 지금 가지고 있는 것으로 만족할 수 없는 사람은 그 사람이 가지고 싶어 하는 것을 다 가진다고 하더라도 만족하지 못할 것이다." 우리에게 행복이 무엇인가를 오래도록 생각하게 만드는 말이다.

어릴 때 살던 작은 기와집이나 신혼 때 살던 전셋집 모두 지금의 기준으로는 불만족스럽지만 그때는 그 이상 더 행복할 수 없는 만족감을 나에게 주었다. 그러니 나는 소크라테스의 말처럼 내가 가진 것에 만족하는 '지금의 행복감'에 젖어 본다.

괴짜가 돼라

사람들이 생활하는 모습을 보면 거기서 거기다. 좀 다르다고 해도 도토리 키 재는 격이다. 대부분의 사람들이 사회에서 일반적으로 정해진 생활 방식에 따라서, 그리고 법과 윤리가 허용하는 범위에서 다람쥐 쳇바퀴 돌듯 살아간다. 이런 우리의 일상생활을 두고 본다면 규격화된 일상에서 벗어나고 싶어 하는 욕구도 없지 않을 것이다.

윤리나 법을 벗어난 생활은 규격화된 일상생활에 비해서는 일종의 본능적인 일탈 행위일 것이다. 우리가 본능대로 살아간다면 다른 짐승들과 무엇이 다르겠는가? 그래서 인간은 문명이 발달하면서 스스로 지켜야 할 윤리적인 삶의 상한선, 그리고 법이라는, 인간이라면 지키지 않으면 안 될 하한선을 정해 놓고 그 테두리 안에서 살아가는 데 익숙해져 있다. 아무리 그렇다고 하더라도 본능적인 욕구가 없어지진 않을 것이다. 다만 윤리나 법에 따라 억누르고 살 뿐 본능적인 욕구를 포기하고 살지는 않는다.

우리가 일상생활에서 만나는 소위 정상적이라고 여겨지는 사람들은 이 본능적인 욕구를 잘 통제하여 무의식 속에 담은 채 전혀 그런 생각은 없는 것처럼 생활하고 있는데 이것이 일탈자와는 다른 점이다. 정신분석적인 가설에 의하면 의식 수준에서는 가장 도덕적인 삶을 살고 잠잘 때 꿈속에서는 가장 일탈된 본능적인 욕구대로 행동하는 사람이 정신적으로 건강하다는 주장이 있다. 일리가 있는 말이다. 만약 본능을 그대로 노출하고 그 욕구를 충족하려는 행동을 의식 수준에서 한다면 그가 속해 있는 사회에서 괴짜로 몰려 일상생활을 하기가 어려울 것이다. 그러니 의식 수준에서는 본능적 욕구를 될 수 있는 대로 감추고 살지만 꿈속에서는 그 욕구를 마음껏 충족하고 사는 사람이 건강하다는 의미일 것이다.

좀 더 부연 설명을 하면 의식 수준에서 본능을 억압하고 도덕적인 사람인 것처럼 살아가려면 스트레스로 인한 긴장을 많이 받는다. 그러니 이런 긴장이 오래간다면 정신장애를 앓을 수밖에 없다. 이를 스스로 예방하기 위해 꿈을 꾸는 것이다. 꿈도 도덕적인 수준이 아니라 야한 본능적인 수준의 꿈을 많이 꾸어야 건강하다는 의미이다. 도덕적 삶이 '긴장'이라면 꿈속에서의 야한 행동은 긴장을 풀어 주는 '이완'이다. 긴장과 이완, 이 두 가지가 잘 어울려야 정신적으로 건강해진다는 그런 가설이다.

괴짜란 '이상야릇한 짓을 잘하는 사람'이라고 사전에 나와 있는데 이를 좀 더 깊이 있게 설명하자면 본능적인 욕구 충족 행동을 스스럼없이 하다 보면 다른 사람에게는 이상야릇한 행동으로 보일 것이다. 나는 일생 동안 정신과 전문의로 정신장애자를 치료하는 데 시간을 많이 보냈다. 그분들의 말이나 행동을 보면 이상야릇한 것이 많기 때문에 사전적인 의미에 대입시켜 본다면 정신장애자 자체가 괴짜라고 할 수 있다. 그들의 말과 행동은 소위 정상인이 이해하기 힘든 것들이기 때문에 정신장애라는 진단을 받게 되는 것이다.

나는 나의 이런 경험을 통해 괴짜를 세 가지로 분류하고 싶다. 첫 번째는 천재들이 보이는 괴짜이고, 두 번째로는 정신장애자들의 괴짜 행동이며, 세 번째로는 의식 수준에서 괴짜 행동을 함으로써 세간의 관심을 끌고 다른 사람들로부터 인정을 받고 싶어 하는 괴짜들로 나누고 싶다.

천재들의 괴짜 행동은 역사적으로 기록된 것도 많다. 내가 접촉해 본 천재 괴짜로는 무애 양주동(1903~1977) 교수를 들고 싶다. 그분은 자타가 공인하는 천재다. 6.25 전쟁이 일어나자 그분은 대구로 피난을 오셔서 영어와 향가를 가르치는 강습소를 열었는데 나는 향가 수강 신청을 하여 그분의 교육을 받은 적이 있다. 나는 고등학교 때 향가에 심취하여 그분이 지은 『여요전주麗謠箋注』를 탐독하고 있던 터라 반갑게 신청했다. 그분의 강의를 들으면 50분 동안은 자기 자랑이다. 자기가 천재라는 증거를 예시하면서 신명 나게 강의를 하는데 조금도 밉지가 않다. 나머지 10분은 향가에 대한 짧은 강의였다. 항간에 떠도는 일화가 있는데 선생이 택시를 타면서 운전기사에게 "국보가 탔으니 조심해서 운전하세요"라고 했다거나 길을 가다 잠시 쓰러졌는데 의식을 회복하고 일어나면서 하셨다는 첫마디가 "대한민국이 국보 하나를 잃을 뻔했다"였다는 것이다. 자화자찬하는 말이지만 하나도 밉상스럽지가 않았던 것이 기행의 내력이었나 보다.

다른 하나는 중광스님(1934~2002)에 대한 경험이다. 그는 승려 생활을 하면서 계율을 어기는 기행을 하도 많이 해서 승적이 박탈당한 분이다. 나는 이분을 신문에 보도되는 정보 이상으로 알고 있는 바가 없었는데 한번은 지방에서 서울행 새마을 열차를 탔는데 식당 칸에서 마주쳤다. 나는 자리를 잡고 앉아 음식을 청하려고 했는데 승무원이 중광스님과 무엇 때문인지 다투느라고 내 주문을 받지 않았다. 나는 두 사람이 다투는 설왕설래를 듣고 있었다. 그런데 중광스님이 하시는 말씀마다 듣기 거북한 막말 욕지거리다. 나는 다소 실망하여 계속 듣고 있었다. 나처럼 듣고 있던 한 승객이 나서서 여승무원에게 "이분이 중광이라는 분이야"라고 말했다. 그 승객은 아마 중광이라고 하면 이 여승무원도 알아듣고 다툼을 멈추리라고 생각했던 것 같다. 그런데 여승무원은 "중광이 뭔데…" 했다. 중광스님을 모른다는 의미다. 검색해서 뒤져 본 그의 괴짜 행동을 몇 가지 옮겨 본다.

자신의 제사를 지내거나, 성기에 붓을 매달아 그림을 그리고, 외국에 강연을 갔다가 여학생한테 키스를 하는 등의 기행이다. 자서전에서는 출가 이후에도 여성들과 성관계를 맺었다거나 담배 피고 싶었는데 돈이 없어 화장실에서 주워서 피웠다거나 한 경험담도 적어 놓았다. 심지어는 '내 생활 전부가 똥이요, 사기다'라는 말까지 남겼다고 한다.

이 검색된 글이 맞는다면 그의 본능적 욕구를 가감 없이 드러낸 행위 같다. 보는 사람에 따라서는 그가 기이한 행동을 했으니 이를 미화시켜 괴짜라고 부르는 사람들이 많은 것 같다. 그의 괴짜 행동만 두고 본다면 정신의학적 진단을 붙이고도 남을 만하다.

정신적인 문제로 기행을 한 화가의 이야기로는 조선조 후기의 화가였던 호생관 최북(1712~1786년경)의 경우가 있는데 그는 그림을 빨리 그려 주지 않는다는 어느 벼슬아치에게 분노하여 스스로 눈을 찔러 한 눈이 멀게 된 일화가 있다. 서양에서는 반 고흐Vincent van Gogh(1853~1890)가 고갱과 다투다가 스스로 자기 귀를 잘라 버리는 기행을 했다. 그는 정신병원 생활을 하다가 종말에는 권총 자살로 생을 마감했다.

이런 극단적인 괴짜 행동들 말고 소위 정상인이라고 분류되는 사람들도 잠깐씩은 여러 괴짜 행동을 통해 스릴을 즐겨 보고자 하는 속성이 있다. 이런 속성은 모두 갖고 있지만 일상생활에서 드러내기는 어렵다. 그러나 조작된 상황이 주어진다면 스스럼없이 표현하기도 한다. 제일 빈번한 것이 술이다. 술은 본능 억제력을 약화시키기 때문에 술에 취해 있는 동안은 괴짜 같은 행동을 많이 한다. 또 술이 아니더라도 우리에게 주어지는 상황이 본능 억제 수준을 낮추어 느슨하게 해 준다면 잠자고 있던 본능이 괴짜 행동으로 이행할 수가 있다. 여행과 같이 일상생활에서 잠시나마 벗어나는 환경이 되면 쉽게 억압이 풀려 괴짜 행동을 하고 싶어 하지 않을까. 이런 엉뚱한 일탈된 생각은 위에서 말한 그런 괴짜와는 다르다. 괴짜인 척 해보고 싶어 하는 가짜 괴짜들이다.

정신분석적인 가설을 믿어 보자. 의식적으로 괴짜 행동을 해서 사회적인 따돌림을 받기보다는 좀 참았다가 꿈속에서 진짜 괴짜가 되어 천방지축으로 본능적 욕구를 즐겨 보는 것이 어떨까. 긴장과 이완이 균형을 이루어야 하니 본능적 욕구의 충족은 꼭 필요한데 의식 수준에서는 삼가야 할 일이다. 그래서 나도 괴짜가 되어 보려 한다. 그것도 고지식한 괴짜가 아닌 행복한 괴짜가 되어 보려 한다.

상황은 좋건 나쁘건
반드시 변한다

　요즘 유명 인사들의 회고록이 많이 나온다. 그 내용을 보면 한결같이 자기 자랑이나 아니면 억울했다고 생각하는 이야기들을 장황하게 늘어놓은 것들이 많다. 내가 생각하기에 회고록은 단순한 수필 수준이 아니라 역사적 기록에 버금가는 내용이어야 한다. 이에 걸맞은 회고록도 간혹 있지만 요즘 유행하듯이 나오는 회고록들을 보면 그런 역사적인 가치를 찾아볼 수 없는 것이 안타깝다.

　내가 초등학교 4학년 때 일제 강점 36년을 청산하고 해방이 되었다. 그때 처음으로 한글을 배우기 시작하면서 한국어 역사에 대해 알게 되었다. 이때 새로 부임한 교장 선생님이 계셨는데 오성달 교장 선생님이다. 이 교장 선생님은 아버지와

삶 만큼 살았다는 보통의 착각

중학교 동기 동창이라서 재직 기간 동안 우리 집에 자주 오셨기 때문에 나는 친근하게 느낀 교장 선생님이다. 그런데 이 교장 선생님은 매일 아침 조회에서 하시는 훈시 말씀이 늘 똑같았다. 내가 초등학교를 졸업할 때까지 3년 동안 똑같은 말씀을 하시는데 마치 녹음기를 틀어 놓은 것처럼 변함이 없었다.

당시에는 아침 조회라는 것이 있어서 전교생이 운동장에 모여 보건체조라는 것을 하고 교장 선생님의 훈시를 듣고 하루의 공부를 시작했다. 교장 선생님이 하신 말씀은 "오늘도 또 깨끗한 새 정신으로 공부해 주기 바란다"였다. 이것이 교장 선생님이 3년 동안 하루도 빠짐없이 하신 말씀이다. 나는 어린 나이에 왜 교장 선생님은 했던 말을 또 하고 또 하시는지 궁금하기도 하고 학생들이 교장 선생님의 흉내를 내면서 합창하듯이 놀리는 것을 보면 안타깝기도 했다. 결국 이 말씀은 공부를 잘하라는 말씀인데 한두 번으로도 족할 말씀을 3년 동안 줄기차게 하셨으니 어렸던 나로서는 안타까웠을 뿐 그 말씀의 진의를 알려고는 하지 않았다. 나는 자라면서 이 말씀에 대해 곰곰이 생각해 보았다. 교장 선생님이 정작 우리에게 전하고자 하셨던 뜻이 무엇일까 하고 여러 시각에서 생각해 보았다.

중학생 때는 그때 수준으로, 어른이 되어서는 지식과 경험이 좀 더 쌓인 입장에서 그 말씀을 달리 새겨 보았다. 사람은 나서 세상을 하직할 때까지 다양한 상황에 노출되어 그 상황에 적응하는 방법을 적절히 익혀 가며 살아간다. 오늘이라는 날은 어제의 오늘이 아니다. 그럴 뿐만 아니라 내일의 오늘도 아니다. 이 말은 세월이 흐름에 따라 오늘이라는 날은 매일 맞이하지만 그 오늘의 상황은 어제의 오늘도 아니고 내일의 오늘도 아니라는 것이다. 이런 변화를 우리가 감지하지 못하고 살아가는 이유는 무엇일까? 그 새로운 오늘의 상황이 미세한 변화이기 때문이다. 그래서 어제의 오늘이나 내일의 오늘이나 같은 것이라고 오해를 하고 살아가는 것이다. 이런 미세한 수준의 변화를 벗어나 누구나 느낄 수 있는 크고 충격적인 주변 환경의 변화가 있다면 그것은 새로운 상황이라고 의심 없이 인식한다.

이처럼 우리는 큰 상황의 변화만 변화라고 생각하고 미세한 변화는 변화가 아니라고 생각한다. 우리는 이 사실을 항상 잊고 산다. 나는 요즘 많은 인사가 말하는 내용이라든지 아니면 회고록 등에서 주장하는 내용들을 읽어 보면서 교장 선생님의 말씀이 다른 시각에서 생각해 보아도 역시 통하는 말씀이라고 생각했다. 내 생각에 교장 선생님이 하신 "오늘도 또 깨끗한 새 정신으로 공부해 주기 바란다"라는 말씀 중 공부라는 말을 빼고 그 자리에 지금 자기가 처해 있는 상황을 대입시킨다면 만고의 진리가 될 것이다.

깨끗한 새 정신이란 무엇일까? 마음은 몸과 같아서 자주 씻지 않으면 마음도 때가 낀다. 그래서 몸을 씻는 것(세신, 洗身)이나 마음을 씻는 것(세심, 洗心)이나 모두 깨끗하다는 공통점을 갖고 있다. 그러니 교장 선생님이 말씀하신 깨끗함이란 매일 한순간도 놓쳐서는 안 될 일이다. 그러니까 "오늘도 또"라는 말씀을 앞에 붙였을 것이다.

요즘은 사회적인 발달과 더불어 경제적으로도 풍요로워져서 몸을 씻는 일은 옛날처럼 어렵지 않다. 옛날에는 몸을 씻자면 공중목욕탕에 가야 했고 목욕탕이 많지도 않아 불편했는데 지금은 집집마다 샤워 시설이 되어 있어 몸 씻기에는 불편함이 없다. 그러나 마음 씻는 일은 옛날에 비하여 오히려 줄어든 것 같다. 역사적으로 보면 많은 선각자들이 마음 씻는 방법을 많이 알려 주었는데 과거에는 이를 따라 한 사람들이 많았으니 지금보다는 훨씬 깨끗한 마음들을 지니고 살았을 것 같다.

'상황이 좋건 나쁘건 상황은 반드시 변하게 된다'라는 말은 누가 했는지는 모르겠으나 참 옳은 말씀이다. 이 말씀은 우리 주변의 상황은 고정되어 있는 것이 아니라 가변성을 지닌다는 의미일 텐데 이 가변하는 상황에 적절한 적응 방법을 선택하여 살아가는 것이 정신 건강상 가장 좋을 것이다. 정신 건강이 좋다는 것은 마음 씻기를 열심히 하여 수양된 인격을 가졌다는 말로도 바꾸어 말할 수 있다.

네팔에 있는 명상가인 내 친구 한 분은 세상 인구 가운데

1%만 마음 씻기를 한다면 세계가 평화로워질 것이라고 말했다. 옳은 말이다. 그러나 나는 이런 반론으로 친구에게 딴지를 걸어 보았다. "마음 씻기를 해야 할 사람은 마음을 씻지 않고 마음을 안 씻어도 이미 깨끗한 경지에 이른 사람은 계속 마음을 씻고 있으니 세계 평화가 올 리 없다." 사실 그렇다. 마음에 때가 많이 묻은 사람일수록 말로만 마음 씻기를 입에 침도 안 바르고 내뱉고 있으니 오히려 마음 씻기를 잘한 분들이 바보처럼 몰리는 세상이다.

앞서 말했듯이 요즘 몸 씻기는 넘치게 잘하지만 마음 씻기는 눈에 뜨이게 모자라는 느낌이다. 이런 느낌이 나에게 강하게 느껴질수록 옛날 초등학생 때 교장 선생님이 하신 말씀이 더욱 절실하게 느껴진다. 몸과 마음이 따로 있는 것은 아닐 텐데 왜 몸만 씻고 마음은 씻으려고 하지 않는 것일까? 교장 선생님의 말씀을 번안하여 이렇게 적어 본다. "오늘도 또 깨끗한 새 정신으로 몸과 마음을 깨끗이 씻기 바랍니다." 이런 몸 씻기와 마음 씻기가 몸에 배어 우리의 습관이 된다면 바로 그것이 담담하고 평화로운 상황이 되지 않을까 생각해 본다. 이런 정신이라면 어떤 상황이 닥치더라도 그에 맞게 적절히 적응하면서 정상적인 자기 모습을 유지하는 원동력이 되지 않을까.

미래의 가족은
확대가족이 될 것이다

가족이란 국어사전에 보면 '부부를 중심으로 하여 그로부터 생겨난 아들, 딸, 손자, 손녀 등으로 구성된 집단'이라고 정의하고 있다. 시야를 조금 더 넓혀 사회학적인 정의를 보면 가족은 '결혼, 출산 또는 입양을 통해 맺어진 두 사람 이상의 집단으로, 사회를 이루는 가장 기본적인 단위이자 우리 삶과 가장 가까운 사회집단'이다. 좀 더 자세히 설명하면 국어사전에 나온 정의는 확대가족을 말하는 것이다. 가족은 확대가족과 핵가족으로 분류한다. 가족의 형태가 두 가지가 있다는 뜻이다. 원래는 농경 사회였던 옛날부터 가족의 형태는 확대가족이었는데 산업혁명이 일어나자 공장을 따라 인구 이동이 불가피하게 되어 생겨난 새로운 가족 구조가 핵가족이다. 핵가족의 정의는 '결혼한 부부와 그들이 낳은 미성년 자녀들과 함께한 지붕 밑에서 살아가는 가족 구조'이다. 대가족을 이끌고 공장 지대로 이동한다는 것은 현실적으로 어려움이 많았기 때문에 공장으로 이동하기 쉬운 가족 구조로 축소하다 보니 핵가족화된 것이다.

확대가족과 핵가족은 지금까지 사회학적으로 분류해 온 가족의 모형이다. 그런데 21세기에 들어와서는 이런 가족 구조만으로는 설명할 수 없는 많은 현상이 일어나고 있다. 잦은 이혼과 재혼으로 가족 관계는 뒤죽박죽이 되었다. 또한 혈연과는 무관한 비혈연적인 복합적 가족 문화, 그리고 애완동물까지 가족으로 생각하는 의식 변화가 있는 것을 보면 이제는 고전적인 사회학적 가족 정의만으로는 설명이 어렵게 되었다. 1950년대에 내가 읽은 논문의 주된 주장은 당시로부터 향후 50년이 지나면 가족은 해체되고 없어질 거라는 것이었다. 아니 가족이 해체된다니, 나는 그때 당시 그 같은 주장을 선뜻 이해하기가 어려웠지만 나름 일리 있다는 정도로 여기고 넘겼다. 앨빈 토플러 Alvin Toffler (1928~2016)가 1980년에 출간한 『제3의 물결』에서 이 미래학자는 "미래의 가족은 확대가족으로 변화될 것"이라고 주장한다. 앞의 논문과 크게 다르지 않은 주장이다.

우리나라는 이제 겨우 핵가족화에 이른 이 마당에 이 미래학자의 주장은 더 이해하기가 어렵다. 그런데 이 미래학자의 주장과 비슷한 주장을 한 또 다른 학자가 있다.

> 베를린의 마이크로사회학자 한스 베르트람 교수는 패치워크 가족이 비록 자신이 주는 것에 비해 얻게 되는 것이 적다 할지라도 서로를 지원해 주는 네트워크라고 정의하면서 패치워크는 쓸모없는 작은 천 조각들을 잘 배치하고 꿰매 아름답고 실용적인 작품으로 만드는 수공예를 말하는데, 패치워크 패밀리란 조각보처럼 여러 인간관계들이 복합적으로 구성돼 가족적인 유대감을 이루어 내는 공동체를 말한다.
>
> (「주간동아」, 2005년 3월 16일)

이런 설명을 연결해서 보면 토플러의 주장을 다른 면에서 이해할 수가 있다. 고전적인 가족의 의미는 가족 구성원들이 한 지붕 밑에서 생활한다는 것이다. 지금 생각하면 이 한 지붕이라는 뜻이 한 주택의 지붕이 아니다. 우리가 살고 있는 지구의 대기권이 바로 지구의 지붕일 수 있다는 사고의 변화다. 지구를 한 집이라고 생각하면 지구를 둘러싸고 있는 대기층은 지붕일 수밖에 없다.

가족 구성원들이 지구 곳곳에 흩어져 살고 있다 하더라도 요즘처럼 IT 네트워크로 서로 연결되어 있다면 앨빈 토플러의 주장을 충분히 이해할 수 있다. 그렇다면 확대가족의 장점은 무엇일까? 농경시대의 확대가족은 노동력이 부자다. 21세기 정보화 시대에는 정보를 많이 가진 확대가족이 부자다.

내가 2013년에 출간한 수필집 『나는 죽을 때까지 재미있게 살고 싶다』에 우리 가족 13명이 빌라형 주택 하나를 지어 모두가 모여 산다는 이야기를 한 꼭지 쓴 것이 있다. 이 글을 읽은 많은 독자들이 나에게 어떻게 하면 자녀들과 함께 모여 살 수 있는지 설명을 해 달란다.

나는 자녀로 사남매가 있는데 그들이 모두 결혼하여 손자, 손녀 네 명을 낳았다. 나는 자녀들이 결혼하자 모두 분가시켜 독립적으로 생활하도록 했는데 내가 정년 퇴임을 맞은 해에 장남 부부가 찾아와서 우리 부부를 모시고 살겠단다. 이런 이야기를 동생들에게 했더니 자녀가 모두 넷인데 혼자 맡아서 짐을 지기에는 무거울 테니 사남매가 함께 부모를 모실 수 있는 방법이 없을까, 라는 제안을 받고 1년여 시간 동안 의논을 했단다. 그 결론이 빌라를 하나 지어 함께 살면 해결되지 않을까, 라는 것이었고 그렇게 내게 다 함께 살자고 문의해 온 것이다.

독자들이 궁금해하는 대목은 무엇일까? 어떻게 하면 나처럼 한 집을 짓고 모든 식구가 한 지붕 밑에서 살 수 있는지 조언을 구하는 것이다. 나는 나를 찾아온 독자분에게 야박하게 이런 대답을 해 주었다. "그것은 지금 하시려면 불가능한 일입니다." 기대 밖의 대답을 들은 독자는 의아해했지만 나는 부연 설명을 해 드렸다. 나는 '내가 먼저 자녀들을 모아 놓고 우리 집 한 채를 짓고 한집에서 살았으면 좋겠다는 제안을 했다면 아마 지금처럼 다 같이 살 수 없었을 것이다. 그런 게 아니라 자녀들이 자발적으로 스스로 생각하고 의논해서 내린 결정이기 때문에 성공할 수 있었다'는 설명을 해 드렸다.

나는 어릴 때부터 자녀들과 대화하기를 즐겼는데 '앞으로 결혼을 어떻게 할 것인가'라는 주제를 간간이 내어놓고 이야기를 나눈 적이 있다. 이때 나는 의도적으로 두 가지를 이야기했다. 하나는 결혼 경비를 최소한으로 줄이자는 이야기이고, 다른 하나는 결혼할 때 번듯한 집을 하나 장만해 놓고 들어가서 사는 것이 재미있을까, 아니면 소꿉장난처럼 필요한 것을 하나하나 장만하면서 알콩달콩 살아가는 것이 좋을까 하는 이야기였다. 하지만 내가 후자를 선택해 주기를 바라는 속마음을 알게 모르게 강조해 두었던 것이 밑바탕이 되지 않았을까 싶다. 그러니 처음부터 이런 과정을 밟지 않고 단지 부모라는 권위를 앞세워 "모두 집합하라. 그래서 함께 살자" 이런 말을 해 본들 성공할 리가 없다고 생각했기 때문에 나를 찾아온 독자에게 그런 야박한 말을 해 드린 것이다.

우리가 생각을 좀 넓히면 꼭 내가 했듯이 한 지붕 밑에 네 자녀의 가족들을 함께 모아 놓고 살지 않더라도 그에 버금가는 효과를 얻을 수 있는 방법이 있다. 바로 내가 잘 이해하지 못했던 미래학자들의 주장을 확대해서 우리의 의식을 바꾸면 성공할 수 있을 것 같다. 아무리 가까이 있어도 각자의 독립성을 유지해 주지 못하고 이러쿵저러쿵 부모의 권위를 앞세워 간섭한다면 모여 사는 것이 오히려 부정적인 결과를 낳을 수도 있을 것이다. 각자 성격이 다른데 충돌이 없을 리가 있겠는가? 중요한 것은 서로의 의견을 인정하고 조율해서 합의해 나감으로써 독립성도 유지하고 상호 의존성도 충족하는 생활을 하는 것이다. 이렇게 할 수 있다면 확대가족이 한 지붕 밑에서 사는 게 성공적일 것이다.

토플러가 말하는 미래의 확대가족은 내가 살고 있는 방식의 무한 확대를 의미한다. 나의 경우처럼 한집의 지붕만이 아니라 구성원들이 지구의 대기권을 가족 구성원이 사는 집의 지붕이라고 생각한다면 가족들이 세계 각지에 흩어져 살더라도 많으면 많을수록 부자 가족이 될 것이다. 물리적인 거리가 아니라 네트워크를 통한 정서적 거리가 더 중요하기 때문이다. 그런 것을 예견하고 한 일들은 아니겠지만 한 가족 중에 이민을 가서 흩어져 사는 가족 구성원들이 많고, 또 우리나라에서 보듯이 1인 가구가 늘어나고 있다. 어느 경우든 가족 구성원의 네트워크가 충실하고 구성원 수가 많으면 많을수록 세상을 성공적으로 살아갈 확률이 높다.

　지금 우리는 실감하지는 못하겠다고 말하겠지만 미래학자들의 예견처럼 가족이 서서히 변화되고 있는 과정임을 인식할 수 있으면 좋겠다.

취미는
정신적인 비타민이다

사람마다 제각기 취미를 한두 가지씩 갖고 있을 것이다. 취미란 우리가 직업적으로 일하는 역할과 다르기 때문에 사람들은 한두 가지 취미에 몰두한다. 취미란 '전문적으로 하는 것이 아니라 좋아서 즐겨 하는 일'이다. 일과 취미가 일치한다면 더 좋겠지만 일은 일이고 취미는 취미다. 가장 큰 차이는 취미는 의무로부터 자유롭고, 일은 의무의 부담을 안고 있다는 점이다. 취미는 자신의 즐거움을 증진시켜 줄 수 있지만 맡은 일은 하기 싫더라도, 또 즐겁지 않더라도 의무적으로 그 역할을 수행해야 한다. 그러니 스트레스가 많이 쌓일 수밖에 없다. 취미는 이런 스트레스를 받지 않을 뿐만 아니라 일로부터 받은 스트레스를 해소해 주는 역할도 한다.

나는 국민학교(초등학교) 때 가정환경조사서라는 것을 매년 작성해서 제출했다. 말하자면 학생의 생활과 가정환경을 기록한 것인데 지금 보면 황당한 내용이 많다. 예를 들어 본인이 사는 집이 기와집인가, 초가집인가, 자가인가, 셋방살이하는 집인가를 비롯해서 동산과 부동산이 어떤 것이 있는지도 기입해야 했다. 동산 중에는 구체적으로 라디오, 자전거, 축음기, 사진기 같은 것이 있는지 체크하라는 항목도 있었다. 말미에는 취미를 묻는 난이 있다. 나는 그때 취미가 무엇인지 정확하게 알지를 못해서 내가 하는 일 가운데 좀 잘하는 일이 취미가 아닐까 생각을 하여 '독서'라고 적어 넣었다. 그런데 담임 선생님이 나를 불러 "독서란 취미가 아니고 공부란다" 하시며 고쳐 쓰라고 해서 얼른 다시 생각하여 '그림 그리기'라고 수정해서 써 넣은 것이 갑자기 기억이 난다. 지금 생각하면 독서가 꼭 공부하는 데만 국한된 것이 아닌데도 담임 선생님의 말씀이 나한테 너무 강하게 각인된 탓인지 지금도 독서라고 하면 취미가 아니라는 생각이 문뜩문뜩 떠오른다. 담임 선생님의 편견 때문에 지금도 그 잔재가 남아 독서는 공부지 취미가 아니라는 생각이 더 많이 남아 있다. 이 글을 쓰면서 다시 생각해 보면 독서도 취미에 속한다. 좀 넓게 설명하면 인간 행동 가운데 자기가 즐겨서 하는 행동이라면 모든 것이 취미가 될 수 있다는 생각이다.

사람들이 취미를 갖고 즐기는 이유는 많이 있겠지만 심리학적으로 보아 자신의 즐거움을 통해 스트레스를 해소하거나 최소화하기 위한 행위로 해석하는 분들도 있다. 일리가 있는 말이다. 일에서 쌓인 스트레스를 어떤 취미로 풀어 가느냐가 개인의 정신 건강의 정도를 결정해 줄 기준이 될 것이다. 요즘 나이 들어 나 자신에게 스스로 물어본다. 나의 취미는 무엇인가? 얼른 떠오르지 않는다. 얼른 떠오르지 않는다는 것은 취미가 없다고도 해석될 소지가 있다. 그런데 나는 달리 생각해 본다. 나는 이것저것 안 해 본 취미가 없다. 그러니 취미가 많다는 뜻이다. 이 두 가지 면을 함께 가진 나로서는 딱 잘라 '내 취미는 이것이다' 하고 내세울 만한 것을 선뜻 떠올리기가 어렵다. 왜냐하면 내 생각에 취미란 우선 즐거움이 있어야 하고, 의무로부터 자유로워야 하며, 자연스럽게 지구력을 갖고 오래 즐겨야 하는 것이기 때문이다. 이 세 가지 기준에 준해서 생각을 해 본다면 '등산'이 취미라고 말하고 싶다. 고등학교 때 등산을 시작해서 지금까지 그 끈을 놓지 않고 있으니 등산은 취미에 대한 나의 기준에 따라 취미로 내세워도 될 만하다. 이 취미도 나이 탓인지 점점 눈으로 즐기는 등산으로 변하고 있으나 그래도 그 역시 등산은 등산이니 내 취미는 등산이다.

취미에 관련된 재미있는 정보가 하나 있다. 미국에 사는 내 의과대학 동기생 하나가 보내온 메일 가운데 흥미로운 통계가 있어 옮겨 본다. 아마도 의학 잡지에 실려 있는 논문을 읽고 발췌해서 나한테 보내 준 것 같은데 출처는 적혀 있지 않아 모르겠다. 하지만 수명과 관련한 통계 수치가 여러 가지를 시사해 주기 때문에 옮겨 본다. 그 내용은 이렇다.

낙천적인 사고 : 8년 연장

자기 비하 : 5년 단축

결혼 : 7년 연장

이혼 : 3년 단축

일과 삶의 균형 : 3년 연장

스트레스 : 2년 단축

운동 : 5년 연장

너무 심한 운동 : 2년 단축

장수한 부모 : 10년 연장

많이 마른 몸매 : 1년 단축

작은 키 : 5년 연장

패스트푸드 : 4년 단축

명상 : 3년 연장

장시간 TV 보기 : 8년 단축

채식 : 5년 연장

이상 열거된 것을 보면 결국 긍정적인 사람은 수명이 길고 부정적인 사람은 수명이 짧다. 이 중에 취미와 관련해 생각해 보자. 따로 취미라는 표현은 없지만 운동을 취미라고 생각한 다면 그 수치가 우리에게 주는 의미가 크다. 취미는 운동뿐만 이 아니겠지만 운동으로 대표하여 생각해 보자. 취미를 즐기면 자기 수명보다 5년은 더 살 수 있다고 한다. 5년이 적은 햇 수가 아니니 취미는 꼭 한두 가지 갖고 즐길 필요가 있다. 그런데 이런 좋은 취미도 지나치면 부정적인 결과를 낳는다고 경고하고 있다. 운동도 너무 지나치게 하면 자기 생명보다 2 년을 단축시킨다니 귀를 기울일 만하다. 무엇이나 평형이 중요하다. 지나치게 하지 말아야 한다. 오죽하면 지나침이 모자람만 못하다는 말이 있을까.

내가 치료했던 환자 한 분이 생각난다. 그분은 평생을 교육자로서 학생을 가르치는 일에 종사했는데 일에 너무 열중하다 보니 집과 직장을 오가는 일을 제외하고는 특별히 해 본 일이 없다고 한다. 특별한 증상이 있어서가 아니라 지금 정년 퇴임을 했는데 어떤 취미를 갖고 살아가면 좋겠는지 조언을 해달란다. 나는 사람이 하는 행동이면 자기가 즐겁다고 생각되는 일을 찾아 한다면 그게 바로 취미가 아니겠는가, 라는 원론적인 대답을 해 주었다. 그분은 그런 원론적인 대답이 아니라 자기 자신이 구체적으로 어떤 종류의 취미를 가졌으면 좋겠는가 하고 질문을 다시 했다. 대답하기에 당황스러운 질문이다. 내가 그분의 성격을 비롯하여 아는 것이 전무한데 이런 질문을 받으니 난처할 수밖에 없다. "해 보고 싶은 취미가 없나요?"라는 질문에도 그는 학교 일 이외에는 해 본 것이 아무것도 없기 때문에 구체적으로 나한테 질문하는 거란다. 나는 더욱 난처했지만 그분이 하도 진지하게 자문하는 터라 집 주변에 운동할 만한 시설이나 공원 같은 것이 없나 물었다. 그랬더니 자기가 사는 아파트 앞에 정구장이 있단다. 그래서 나는 집에서 가까운 정구장에 나가 정구를 쳐 보는 게 어떻겠는가, 라는 대답을 해 드렸다.

그분은 나에게 감사하다는 말을 남기고 갔는데 3개월 뒤에 다시 찾아왔다. 문제는 내 이야기를 듣고 정구장에 나가 3개월 동안 하루도 빠지지 않고 정구를 쳤는데 지금은 온몸이 탈이 나서 내 말을 듣다가 그렇게 되었다고 볼멘소리다. 3개월 동안 어떻게 정구를 쳤는지 물어보았더니 아침 먹고 나가서 저녁때까지 치고 밤에는 불을 밝힌 정구장에서 문을 닫을 때까지 쳤단다. 안 하던 정구를 3개월 동안 밤낮없이 쳤다면 천하장사인들 몸이 견뎌내겠는가.

취미란 우리의 정신을 건강하게 만들어 주는 영양소라는 생각이 든다. 우리 삶에 비타민과 같은 존재다. 나한테 찾아온 이분처럼 취미가 없이 정년을 맞았다면 자기가 하고 싶은 게 무엇인가를 먼저 생각해 보고 취미 활동을 시작하는 것이 좋겠다. 그런 생각에도 미치지 못한다면 어릴 때부터 막연하지만 이런 것을 해 보았으면 하는 기억이 있다면 그것을 선택하여 취미로 삼아 보는 것이 좋을 것이다. 또한 아무리 정신에 좋은 비타민이라고 하더라도 '지나치면 안 된다'는 것을 항시 유의했으면 좋겠다.

우리에게는 신체적인 비타민도 필요하지만 정신적인 비타민도 그 못지않게 필요하다.

유머는
정신 건강의 정점이다

요즘 현실을 보면 막말이 일상화되어 있다. 이런 안타까운 현실에서 보자면 유머는 우리에게 정감을 떠올리게 하는 향수를 불러일으킨다. 요즘이라고 해서 유머가 없는 것은 아니다. 그래도 전체적으로 보면 걱정스럽다. 막말이나 유치한 소리가 일상화되어 있는 이 현실이 안타깝고 걱정스럽다.

유머는 일종의 말의 재치다. 유머는 '익살스럽게 웃음을 자아내는 표현이나 요소'인데 심리학적으로 의미를 좀 더 부여한다면 자아 방어기제 가운데 가장 상위에 두는 건강한 방어 체계이다. 유머의 요건은 무엇일까? 웃음을 자아낼 수 있어야 하고, 의미가 응축되어 있어야 하며, 듣는 사람들이 연상을 통하여 즐겁게 이해할 수 있어야 하고, 익살스러운 웃음 뒤에 숨은 교훈적인 의미를 알아들을 수 있어야 진정한 유머라고 할 수 있다. 들어서 우습고 즐겁긴 하지만 배후에 숨어 있는 뜻이 부정적이거나 다른 사람의 마음을 상하게 한다면 그것은 진정한 유머는 아닐 것이다.

유머를 별나게 잘하는 친구들이 있다. 이런 친구들과 함께 이야기를 나누다 보면 즐겁기도 하지만 그 뒷맛이 우리에게 주는 의미가 크다. 그러니 대화하는 가운데 이런 친구가 한 사람이라도 끼어 있으면 전체적인 분위기가 즐겁고 만남이 끝나도 그 여운이 길게 남는다.

내 친구들 중에 학교 다닐 때는 그저 얌전하기만 하던 친구가 있는데 소문에 그가 유머를 엄청 잘한다는 것이다. 나는 한 번도 그의 유머를 듣지 못했기 때문에 한번은 만났을 때 어떻게 그렇게 유머를 잘하느냐고 물어보았다. 우리 동기생들 중에서 소문이 날 정도면 그 친구는 유머의 달인이다. 그의 대답은 너무 놀라웠다. 자기가 모임이나 교회에 가면 일상사를 가지고 서로 이야기를 나누는 경우가 많은데 때로는 너무 무미건조한 말이 왔다 갔다 하기 때문에 유머의 필요성을 느꼈다고 한다. 학교 다닐 때 자기는 조용히 말을 듣는 편이었지만 유머를 잘하는 친구가 주제를 끌고 가면 즐거웠던 기억이 상기되어 자기도 그렇게 하고 싶었단다. 천성적으로 듣기만 했던 그가 우리 동기들 사이에서 유머의 달인으로 소문이 나자면 필시 그 이유가 있을 것 같아서 물어본 질문이다. "그게 쉽게 되나, 유머 책을 사서 읽어 보고 또 읽어 보고 했더니 말할 용기가 생겼어. 그래서 같은 유머만 할 수가 없어서 유머 책이 나오는 대로 학교에서 공부하듯이 봤어." 그런 숨은 노력이 있었기에 유머의 달인이 되었구나 생각하니 이 친구만큼 공부는 하지 않더라도 유머 감각을 이해할 수 있는 정도의 노력을 한다면 유머러스한 분위기에서 손발을 맞출 수 있을 것 같다. SNS에서 본 유머 하나를 소개해 본다.

마이클 조단이 갑자기 태권도장에 들이닥쳤다. 이젠 농구를 평정했으니 태권도까지 평정하기 위해서였다. 조단은 씩 웃으며 말했다. "네가 태권도 9단이냐?" "그렇다! 넌 누구냐?" 그러자 조단이 가소로운 듯 말했다. "난 1,000,000,000,000단(조단)이다!"

사오정 같은 이야기지만 웃음을 자아낸다. 본래는 조단이 농구 선수 이름인데 '조단'으로 언어유희를 한 우스갯소리다.

내가 어디에선가 읽은 처칠에 관한 유머가 하나 기억난다. 처칠은 2차 대전 때 영국 수상으로 독일을 물리치고 승리로 이끈 출중한 군인이요 정치가다. 이 처칠에게 사위가 있었는데 서로 사이가 안 좋았단다. 처칠이 일방적으로 사위를 엄청 미워했나 보다. 왜 그런지는 모르겠는데 어쨌든 사위를 이 세상에서 제일 미운 사람으로 꼽았단다. 이를 모를 사위가 아니다. 그래서 장인에게 유머러스한 질문을 던진다. "장인어른은 이 세상에서 누구를 가장 존경합니까?" 자기를 미워하는 데 대한 반어를 사용하여 한 질문이다. 처칠은 거침없이 대답했다. "이탈리아의 무솔리니를 가장 존경한다네." 무솔리니는 당시 이탈리아의 독재자로 히틀러와 손잡고 처칠과 싸우던 적국의 괴수다. 그런 괴수를 세상에서 가장 존경한다니, 의아스러울 수밖에 없다. 처칠의 설명은 간단했다. "무솔리니는 자기 사위를 총살했거든…." 무솔리니처럼 사위를 총살하고 싶을 정도로 밉다는 표현을 에둘러 한 것이다. 그래서 유머란 들어서 익살스럽기도 해야 하지만 그 익살스러움 뒤에 숨은, 말하고자 하는 진정한 생각이 무엇인지를 전할 수 있어야 한다.

사람들은 자기 몸을 보호하기 위해 옷을 입는다. 추우면 두꺼운 옷을 입고 더우면 얇은 옷을 입어 자신의 몸을 건강하게 유지하고자 한다. 그런 사람들은 없겠지만 추운 겨울에 얇은 옷을 입고 다니면 어떻게 될까? 더운 여름에 두꺼운 겨울옷을 입고 다니면 어떻게 될까? 모르긴 해도 모두 건강을 잃을 것이다. 계절에 따라 옷이 달라야 하는데 그 계절에 적합하지 않은 옷을 입는다면 병밖에 더 걸리지 않겠는가? 옷이란 이처럼 몸을 보호하는 기능도 있지만 같은 값이면 다홍치마라고 사람들은 옷으로 멋도 내고 싶어 한다. 멋있는 옷이 있고, 옷은 옷이지만 멋이 없는 옷도 있다. 이와 같은 맥락에서 마음도 옷을 입는다. 마음도 심리적인 상처를 입을 수 있기 때문에 이 상처를 입지 않기 위해 자기 마음을 보호하는 옷을 입을 필요가 있다는 것이다. 이 마음의 옷은 첫째로는 마음의 건강을 유지하기 위한 것이지만 몸의 옷처럼 보기 좋은 옷도 있고 보기 싫은 옷도 있다. 기왕이면 다홍치마라고 마음도 보기 좋은 옷을 입고 싶어 한다.

이와 같이 몸이나 마음이나 모두 옷을 입는다고 생각해 보자. 마음의 옷도 보기 좋고 건강한 옷이 있는데 그 대표적인 것이 유머이다. 심리학적으로 설명하면 유머는 수준 높은 그리고 가장 건강한 자아 방어기제다. 선천적으로 유머에 소질이 있는 사람도 있지만, 앞의 내 친구의 경우처럼 노력하여 자신의 마음의 옷을 보기 좋게 만드는 사람도 있다.

유머도 유머 그 자체는 익살스럽고 웃음의 조건을 갖추고 있다고 하더라도 대화 중에 이 말을 해서 적절할 때가 있고 적절하지 못할 때가 있다. 비유하자면 야구 경기에서 적시타라는 것이 있다. 누상에 주자가 있을 때 안타를 치면 점수로 연결되지만, 누상에 주자도 없는데 안타를 친다고 한들 적시타가 되지 못한다. 이처럼 유머는 적시타라야 한다. 타이밍을 놓치면 듣는 사람들이 공감하기도 어렵고 "썰렁해"라는 반응을 불러온다.

나는 젊었을 때 다른 사람들로부터 유머 감각이 있다는 평을 듣고 신이 나서 대화에 끼어든 적이 많았다. 요즘은 좀 다르다. 가족들이 모여 무슨 이야기를 할 때 이런 유머를 해 주면 재미있겠구나, 라는 생각에서 나는 유머라고 생각을 하고 말을 던지면 가족들은 모두 "썰렁해"라는 말과 표정으로 내 유머를 지나쳐 버린다. 내가 웃긴 이야기를 했는데 가족들이 웃지 않으니 당황스럽다. 이유가 뭘까 생각해 보았더니 적시타가 아니다. 왜 적시타를 치지 못했을까? 아마도 순발력을 발휘하지 못해 기회를 놓쳐서 그런 듯하다. 나이 탓 아닐까 혼자 생각하면서 좀 더 순발력 있게 끼어든다면 아직도 내 유머는 제 기능을 할 수 있을 것 같다는 생각이 든다. 적시타가 참 중요하구나 싶다.

유머는 우리 일상생활을 즐겁고 수준 높게 만들어 주는 마음의 옷이라는 사실을 잊지 말자.

삶 만큼 살았다는 보통의 착각

3장

어떻게
살아가면 좋을까

좋은 삶을 결정짓는 태도

다른 사람 눈에 낀 티끌은
쉽게 보인다

　동일한 상황, 동일한 대인 관계에서 소통할 때조차 사람들은 서로 다른 반응을 보일 때가 많다. 원론적으로 이야기하면 똑같은 상황, 똑같은 소통에는 똑같은 반응이 일어나야 옳을 것 같은데 그렇지 못하다는 것이다. 그야말로 사람마다 반응이 제각각이다. '본 대로 보았다고 말하고, 들은 것을 들은 대로 말하라'는 것이 옛날부터 내려오는 가르침이지만 결과는 그렇지 못하다. 이 역시 제각각이다. 왜 그럴까? 쉬운 대답을 하자면 사람들의 마음이 물질처럼 똑같은 성질을 지니고 있지 못하기 때문이다. 그러니 똑같은 것을 함께 보아도 이 사람이 본 것과 저 사람이 본 것이 다르다.

　언제부터 내려오는 속담인지는 모르겠으나 이런 현상에

삶 만큼 살았다는 보통의 착각

딱 맞는 속담 하나가 있다. '내 눈의 대들보는 보지 못하고 남의 눈의 티끌은 잘 본다.' 이 말은 똑같은 티끌이라도 자기 것은 실제보다 작거나 없다고 생각하며 대신 다른 사람의 것은 아주 미세한 것이라도 크게 부풀려 표현한다는 뜻이다. '내 눈의 대들보는 보지 못하고 남의 눈의 티끌은 잘 본다.' 이 속담은 이제 듣기조차 진부하다. 내용이 틀려서 진부하다는 의미가 아니고 뜻은 옳아도 말을 해도 해도 듣지 않으니 그게 진부하다는 말이다. 요즘은 이런 말도 이해하는 청소년들이 많지 않다. 그렇다면 이런 뜻을 전혀 모른단 말인가. 나는 그렇지 않다고 생각한다. 용어가 달라졌을 뿐이다.

요즘 사람들이 흔히 쓰는 '내로남불'이라는 말이 있다. 내가 하면 로맨스고 다른 사람이 하면 불륜이라는 뜻이다. 똑같은 행위를 두고 이렇게 평가가 다르니 옛날 속담이 우리에게 전해 주고자 하는 뜻과 다르지 않다. 글로 쓰기에는 좀 민망한 속담이 하나 있는데 '똥 묻은 개가 겨 묻은 개 나무란다'이다. 이 또한 제 허물은 보지 못하고 남의 것만 허물을 잡아 나무란다는 뜻이다. 이 같은 것들을 종합해서 보면서 나는 이런 말로 표현을 해 본다. '내 허물은 오리발, 남의 허물은 족집게.' 자기가 한 일은 자기 스스로 잘못이거나 허물이라는 것을 알면서도 아니라고 부정을 하니 그게 오리발이다. 다른 사람의 허물은 있는지 없는지 잘 보이지 않는 그런 허물까지 족집게로 콕

집어내듯이 들추어 비난하거나 공격을 한다.

내로남불, 누가 만들었는지 참 절묘한 조어다. 사실 사람들의 심리적인 바탕에는 내로남불이라는 현상이 누구에게나 있다. 내로남불뿐 아니라 자기 생존을 위해서 또는 마음의 상처를 입을지도 모르는 자극을 방어하기 위해서 여러 가지 방법으로 수단을 삼는다. 이런 현상은 나무랄 바가 못 된다. 자기 생존을 위해서 그리고 자신의 마음의 상처를 보호하기 위해서 생긴 기제이니 나무랄 것이 뭐가 있겠는가. 이 여러 가지 방법 가운데 개인에 따라서는 한두 가지를 주된 자기 방어 수단으로 사용하는데 이를 두고 전문용어로 '주된 자아 방어기제'라고 한다. 이 말은 사람들은 모두 많은 방어기제를 갖고 있지만 사람에 따라서 그가 주로 선택하여 사용하는 기제가 따로 있다는 이야기이다.

내로남불이라는 말을 심리학적인 자아 방어기제에 대입하여 같은 뜻으로 사용하는 용어를 찾는다면 투사投射, Projection라는 것이 있다. 투사는 정신 방어기제의 하나로서 자기 자신이 지니고 있으면서 자신이 받아들일 수 없는 충동이나 속성을 타인의 것으로 돌리거나, 또는 자신의 실패를 타인의 탓으로 돌리는 심리 기제를 말한다. 흔히 편견을 타당화하거나 책임을 회피하고자 이런 양상을 보인다. 또 어떤 경우에는 편집 망상으로까지 발전하게 된다. 즉 문제가 일어났을 때 그것을 타인의 탓으로 돌리던 사람이 타인이 자기를 해치기 위한 모함을 꾸미고 있다고 믿게 되는 경우까지 생긴다. 말을 좀 쉽게 하자면 어떤 상황이나 대인 관계에서의 소통에서 허물을 만들어 남의 탓으로 뒤집어씌우는 생각과 행동을 말한다. 이렇게 설명하면 내로남불이라는 말이 심리학적인 용어인 투사와 그 맥을 같이한다는 것을 쉽게 이해할 수 있을 것이다.

앞에서 말했듯이 자아 방어기제는 한두 가지가 아니다. 자기 마음을 보호하는 수단이라면 모두가 자아 방어기제에 속한다. 이 많은 자아 방어기제도 분류를 해 보면 세 가지 종류로 나눌 수 있다.

첫째, 아주 건강한 방법으로 자기를 보호하는 기제가 있다. 이것은 나에게도 좋고 남에게도 좋은 영향을 주는 건강한 방어기제이다. 정신적으로 성숙한 사람만이 가질 수 있는 기제다.

둘째, 일상적으로 우리가 많이 사용하고 있는 기제인데 때로는 이롭기도 하고 때로는 해롭기도 하지만 그 해로움이 미미한 기제이다. 그러니 사람들이 이런 기제를 제일 많이 동원하여 사용한다.

마지막으로 셋째, 아주 고약한 병적인 기제가 있는데 이를 주된 자아 방어기제로 삼는 사람들은 자신에게도 해를 끼치고 타인에게도 해를 많이 끼친다.

이 세 가지 분류를 근거로 내로남불을 생각하면 내로남불은 가장 고약한 정신병적인 자아 방어기제에 속한다고 볼 수 있다. 걱정스러운 것은 지금 개인적으로나 사회적으로 유행하는 방어기제가 정신병리적인 투사에 해당되는 내로남불이라는 것이다. 내로남불은 실로 우리 사회에 보편화되어 있다고까지 말할 수 있다. 멀리 생각할 것도 없다. 주변을 살펴보자. 우리에게 주어진 상황이나 대인 관계에서 토론하는 것을 보라. 자기 허물이 크면서도 그것은 감추고 남의 작은 허물을 콕 집어서 퍼뜨린다. 정말이지 걱정스럽다.

얼마 전에 모임이 있어 갔더니 공적인 일로 정부 부처와 의견 차이가 있어서 어떻게 조율을 했으면 좋겠는가 하는 것이 주제였다. 우리의 의견과 일치하지 않는 공무원들의 자세를 성토하면서 강력한 항의와 법적인 조처를 해야 된다고 말하는 회원들이 많았다. 나도 표현은 달랐지만 그와 유사한 의견을 제출했다. 집에 돌아와서 가만히 생각을 해 보니 내가 한 말이 놀랍기도 하고 후회스러웠다. 이런 내로남불 같은 생각이 나한테도 있었구나 하고 놀랐고, 그런 생각을 표현한 것을 후회했다. 나라고 해서 내로남불이 전혀 없다고는 말할 수 없다. 나는 평생 정신과 의사로서 내로남불 때문에 자기도 괴롭고 남도 괴롭히는 망상증이나 편집증 환자들을 치료적으로 도와 왔던 사람인데 나 역시 환자와 같은 생각을 하고 모임에서 그런 주장을 했다는 것이 엄청 놀라웠다.

　나는 내로남불이 있기는 하지만 다른 사람들보다는 좀 적게 가졌을 것이라는 내 나름의 확신을 가지고 있었는데…. 그런 환자들을 보면서 반면교사로 삼았기 때문에 내로남불 같은 생각을 남들보다는 조금 통제하면서 살아왔다고 여겼는데 그게 아니지 않은가.

　한국이라는 사회 공간에서 함께 숨 쉬면서 살아가는 우리가 알게 모르게 서로 비슷한 자아 방어기제를 가질 수밖에 없다. 그런데 아주 건강한 자아 방어기제도 많은데 왜 하필 이런 고약한 정신병리적 자아 방어기제인 내로남불이 사회를 뒤덮고 있을까. 안타깝다. 그래서 나는 나 혼자 생각이기는 하지만 한국 사회를 어떤 사회냐고 묻는다면 '내로남불 사회'라고 대답하고 싶다. 그 근거는 내가 심리학적인 용어에 대입해 설명했듯이 우리 사회의 모습과 일치하는 바가 많기 때문이다.

　내로남불 사회를 심리학적인 용어를 빌려 '망상적 사회' 또는 '편집증 사회'라고 말해도 크게 틀리지 않을 것 같다. 내로남불의 원인은 많겠지만 한마디로 신뢰의 문제다. 신뢰가 없는 사회는 내로남불에 빠지기 쉽다. 즉 상호 불신은 내로남불의 가장 쉬운 함정이 된다. 이미 우리 사회는 이 함정에 빠져 허우적거리고 있으니 어떻게 하랴. 원론적인 이야기지만 신뢰 회복이 먼저다. 신뢰가 없는 사회는 이미 편집증적인 사회이거나 편집증에 매몰되어 가는 사회일 것이다.

신뢰는 말하기는 쉽지만 실천하기는 어렵다. 어려운 일이 긴 하지만 신뢰의 기본적인 회복 없이는 우리가 빠진 내로남불의 늪에서 빠져나올 수 없다.

의심은 망상으로 가는
첫 관문이다

　　우리나라 사람들이 언젠가부터 의심(믿지 못하거나 확실히 알 수 없어서 의아하게 여김)하는 습관이 많아졌다. 옛날부터 전해 오는 습관은 아닌 듯한데 언제부터 시작된 것인지는 모르겠다. 어떤 상황이 일어나면 일단 의심부터 하고 본다. 의심이 일반화돼서 그런지 좀 차별화하기 위해서 '합리적인 의심'이라는 말도 일상적으로 쓰고 있다. 아마도 법률적인 용어인 것 같은데 상식적으로 의심할 만한 이유가 있는 것을 의심하면 합리적인 의심이라고 부르나 보다. 심리학적으로만 생각하면 의심은 의심이지 합리적인 의심이란 있을 수 없다. 내 생각에 구분을 해 본다면 합리적인 의심이란 궁금증을 두고 하는 말인 것 같다.

궁금증은 결과를 정해 놓고 궁금해하는 것이 아니다. '왜 그런 거지?' 이런 수준이다. 궁금증은 결과를 예단해 놓고 그 결과에 걸맞은 의심을 하는 것과는 다르다. 그래서 의심이라는 단어 앞에 어떤 수식어가 붙어도 의심은 망상으로 가는 첫 관문일 수밖에 없다. 궁금증과 의심은 예단된 결과를 바탕으로 하는지 아닌지에 따라서 구분되는데 그 결말은 엄청나게 다르다. 1960년대에 내가 정신과 수련의로 정신과 환자를 처음 보기 시작했을 때의 의심은 주로 '빨갱이'에 관한 것이었다. 반공을 국시로 삼았던 당시의 사회에서는 빨갱이라는 낙인이 찍히면 일상생활도 어렵겠지만 살아갈 희망 자체가 없어진다. 이처럼 이념적으로 이분화된 사회 속에서 살아가는 많은 사람들은 '내가 빨갱이인가 아닌가?'라는 자문자답을 하기가 혼란스러웠다. 그래서 그런지 빨갱이와 연관된 망상이 많았다.

망상이란 사고 내용에 장애가 있는 것을 말하는데, 그 특성은 사실이 아닌 것을 확신을 갖고 사실이라고 믿는다는 것이다. 이런 확고한 사고의 내용은 합리적인 설명이나 설득으로 교정되지 않는다. 그리고 개인이 가진 지식의 정도와는 무관한 것이 특징이다.

이념적으로 이분화된 사회를 살아가자면 마음이 여린 정신과 환자는 두 가지 빨갱이에 대한 망상을 갖고 있었다. 하나는 자신과는 무관하지만 다른 사람들이 자기를 보고 빨갱이라고 무고한다면서 경찰에 자수하는 사람이었고, 다른 하나는 무고한 다른 사람들을 빨갱이라고 경찰에 고발하는 망상 환자였다. 망상의 형태는 여러 가지가 있겠지만 내가 수련을 받을 당시에는 다른 망상은 보기 힘들었고 주로 이 이념적인 피해망상 환자들을 많이 보았다.

세월이 흐르면서 사회적인 관습도 알게 모르게 많이 변화해 갔는데 이 망상의 내용도 예외가 아니다. 내가 수련의를 마치고 교수를 하던 시절에는 빨갱이 망상은 줄어든 대신에 우주적인 망상이 많아졌다. 우주적인 망상이란 그 내용이 우주와 연관된 것이다. 예를 들면 우주 속의 한 별인 ○○별에서 우주인이 지구에 와 환자에게 칩을 심어 놓고 돌아간다는 망상이다. 칩을 몸에 심고 다니면 저 멀리 있는 ○○별에서 원격조정하여 자신의 생활을 지시한다는 그런 망상이다. 우주에 ○○라는 별이 실제로 있는지 없는지도 모르고 나는 무조건 망상이라고 진단하고 치료를 했다. 실제 우주인이 있다는 증거도 없고 있다손 치더라도 그 먼 거리를 이웃집 드나들듯 오기도 어려운 처지라 망상으로 치부했다. 그런데 환자가 주장하는 ○○라는 별이 있는가 천문학자에게 문의해 보았더니 있단다. 그러니 환자의 망상이 그냥 망상이 아니고 의심에서 출발하여 조금씩 조금씩 진화하다 보니 그런 망상에 도달했을 것이다.

　이런 환자들은 대부분 바깥나들이를 삼가고 자기 방에만 들어앉아 망상을 곱씹고 불안해한다. 밤에 잘 때는 겹겹이 자물쇠를 잠그고 그것도 모자라 문틈에 자기만 알 수 있는 표시를 해 둔다. 만일 우주인이 다녀갔다면 문틈에 끼워 둔 표시가 달라질 것이라는 생각이다. 하루 24시간 이런 망상에 싸잡혀 있다면 일상적인 사회생활을 어떻게 할 수 있을 것인가. 이런 망상을 가진 한 입원 환자는 나에게 이런 충고를 했다. "선생님 저를 치료해 주는 것은 감사한데 치료하지 마세요. 선생님이 치료를 계속하면 우주인이 와서 선생님에게도 칩을 심어놓을 수 있는데 그럼 선생님도 나처럼 돼요." 그 망상이 사실이라면 환자가 나에게 한 충고는 감사한 것이나 망상 자체가 사실이 아니니 들어줄 수 있는 내용은 아니다.

　지금 사회는 우주 망상 시대를 지나 인공지능 사회로 접어들었으니 이와 연관된 망상으로 발전할 가능성이 크다. 이것은 사회적 발전이나 과학적 발전에 병행하여 생길 수 있는 망상이다. 이런 망상은 다른 정신적인 증상과 함께 나타나기 때문에 특정한 진단을 받게 된다. 가장 흔한 것이 조현병으로 대부분의 조현병은 그 내용과 정도에 차이는 있지만 대부분 망상을 갖고 있다. 조현병에서의 망상은 잘 들어 보면 앞뒤가 논리적으로 맞지 않다는 것을 쉽게 발견할 수 있다. 생각이 지리

멸렬하기 때문이다.

그런데 다른 사람들에게 설득력 있게 보이도록 체계화된 망상도 있다. 앞뒤 사정을 잘 맞추어 두면 누가 들어도 망상이라고 구분하기 어려운 체계화된 망상이 된다. 지리멸렬한 망상을 가진 조현병에 비해 체계화된 망상을 가진 환자를 구분하여 편집증 환자라고 부른다. 제일 흔하게 볼 수 있는 것이 결혼한 부부 사이에 배우자의 정조를 의심하는 의부증이나 의처증이다. 요즘 SNS에 돌아다니는 의심들은 대개 체계화된 수준이기 때문에 편집증에 가깝다. 좀 오래된 정신과 교과서에 기재된 인상적인 말이 하나 있다. 정신과 의사가 정신 치료를 할 때 정신 치료에 적합한가 적합하지 않은가 하는 기준이 있는데 적합하지 않기 때문에 치료에서 제외해야 할 두 가지를 지적하고 있다. 이념에 고착된 사람과 종교에 고착된 광신자는 제외하라고 했다. 합리적인 치료로도 어떻게 해 볼 수 없다는 뜻일 것이다.

궁금증은 합리적인 설명을 하면 '아! 그렇구나' 하고 납득을 하지만, 의심은 아무리 합리적인 설명을 해도 그 설명 자체를 또 의심한다. 그처럼 의심은 궁금증과는 달리 계속 진화하여 망상으로 고착된다. 망상으로 나타나는 행동 증상은 약으로 조절 가능하나 사고 내용 그 자체에는 영향을 주지 못한다. 앞으로 의학이 발달한다면 어떻게 될지 모르겠지만 현재로서는 그렇다.

　의심이 일어나더라도 예단된 결과를 두고 의심하지 말고 '왜 그럴까?' 수준의 궁금증으로 바꿀 수 있다면 망상으로는 빠지지 않을 것이다. 이런 개인적인 노력을 해야 한다. 그런데 요즘 우리 사회는 망상으로 이끌어 가는 환경이 너무 많다. 자신에게 궁금증에만 의존할 수 있는 힘이 생긴다면 사회적인 유혹이 있다 해도 망상에는 빠지지 않을 것이다. 다른 사람의 망상을 이용하여 자신의 이념적 혹은 기타 이득을 얻으려고 하는 사람들이 있는 한 우리는 궁금증에 대한 태도를 더욱 습관화하도록 노력해야 할 것이다.

당신의 과거와 화해하라

우리가 세상을 살다 보면 맺히는 것이 많다. '맺힌다'고 하는 것은 억울한 일들을 참고 견디면서 마음에 담고 있는 것을 말한다. 기쁜 일이야 기쁨으로 끝나지만 억울한 일은 두고두고 마음에 맺혀 잊히지 않는다. 오죽하면 한이 맺히면 오뉴월에 서리도 내리게 한다고 했을까. 그래서 많은 선현들이 마음에 품고 있는 응어리를 풀고 살라고 했다. 이는 마음을 비우라거나 마음을 내려놓으라거나 집착에서 벗어나라는 말로도 표현되는데 이 모두가 지난날 맺혔던 것을 풀고 살라는 말일 것이다.

옛날에 고려대학교 총장님이었던 김상협 선생이 국무총리로 임명된 적이 있다. 취임사에서 그는 "굽은 것은 펴고, 막힌 것은 뚫어 나가겠습니다"라고 말씀한 적이 있다. 이 말씀 또한 과거에 너무 집착하지 말자는 뜻일 것이다. 항간에는 자신의 맺힌 한을 눈을 감을 때까지 잊을 수 없다는 말을 즐겨 하는 사람들도 많다. "내 눈에 흙이 들어가기 전에는 용서할 수 없어." 이런 말은 얼마나 한이 맺혔으면 토해 내는 것일까. 많은 국내외 학자들이 한국인의 성격을 연구하면서 공통적으로 기술하는 내용 중 하나가 '정이 많다'는 것이다. 정이 많다는 것은 감정이 섬세하다는 뜻도 되고 역기능으로는 한이 잘 맺힌다는 결점도 있다.

외래에서 정신과 환자를 보다 보면 이런 한이 맺혀 질병으로 이행한 분들을 많이 볼 수가 있다. 사정을 들어 보면 객관적으로 보아 그렇게 한이 맺힐 만큼 스트레스 요인으로 보이지 않는 것조차 그 당사자에게는 평생 잊지 못할 한으로 마음에 엉켜 있는 경우가 많다. 이 한을 풀자면 단시간에 풀리지 않는다. 많은 시간을 두고 순화시키지 않으면 풀리지 않는다. 풀리지 않는 마음의 암 덩어리이다. 맺힌 것이 없이 평범하게 살아가는 사람들조차 깊이 정신치료를 하다 보면 맺힌 과거를 한둘씩은 지니고 있음을 발견할 수가 있다.

그런데 왜 이런 사람들은 맺힌 한을 품고 있는데도 일상생활에 걸림이 없었을까? 이들이 과거의 한에 집착하는 사람들과 다른 점은 자기 자신의 마음을 다스려 일상생활에 영향을 줄 수 없을 정도로 무의식화해 버린 것이다. 의식 수준에서 과거의 한을 곱씹으면서 사는 것은 그 자체가 고통이다. 그건 자기 마음을 스스로 갉아먹는 해로움이다. 그러니 과거에 대한 집착은 김상엽 총리의 말씀대로 펴고 뚫어 스스로 마음을 다스려야 마음이 평화로워진다. 그러면 당신의 과거가 더는 현재를 망가뜨리지 않는다. 글을 쓰다 보니 '나는 과거에 집착하는 것이 없는가?'라는 자문자답을 해 본다. 나는 일생 동안 사소한 이유로 한으로 맺힐 법한 경험은 있었지만 이를 마음에 품고 살아오지는 않았다. 그 이유는 내가 보는 정신과 환자들을 반면교사로 삼았기 때문이다. 내가 가진 사소하지만 나에겐 큰 한으로 맺힐 수 있는 것에 집착하다 보면 환자가 되겠구나, 라는 생각에서 의식 수준으로 내 마음을 많이 다스렸다. 그 결과 집착에서 벗어나 일상생활을 할 수 있었다. 그런데 요즘 나이 들어 다시 생각해 보면 나에게 맺힌 한으로부터 정말 자유롭게 살았는지 의심이 든다.

의심이 든다고 하는 근거가 무어냐면 요즘 와서 부쩍 잠자면서 꿈이 많아졌는데 그 꿈의 내용이 두 가지다.

하나는 내가 일생 동안 소망했지만 현실에서 이루어지지 못했던 것을 꿈속에서 이루는 꿈이다. 우습게 들릴는지 모르지만 나는 꿈속에서 헤엄을 아주 잘 친다. 강에서나 바다에서나 손만 내뻗으면 쑥쑥 앞으로 잘 나간다. 한참 헤엄을 잘 치다가 문득 내가 이렇게 헤엄을 잘 쳐도 되나 하는 생각이 들 때도 있다. 이것은 내가 헤엄을 치지 못하기 때문에 꾸는 꿈이다. 헤엄을 못 친다고 해서 일생의 한으로 맺힐 일은 아니니 집착과 꼭 연관된 꿈은 아니다.

또 다른 꿈 하나는 무엇인가 하면 나는 꿈속에서 싸움질을 많이 한다. 나는 다른 사람들과 주먹다짐을 해 본 경험이 없다. 내가 점잖아서 그런 게 아니고 주먹다짐을 할 만한 힘이 없었기 때문이다. 이로 인해 많은 상처를 입었다. 상대방으로부터 모욕을 당해도 주먹을 쥐어 본 적이 없다. 심지어는 아무런 이유도 없이 깡패들에게 얻어맞았을 때도 억울했을 뿐 주먹을 쥐어 본 적이 없다. 이런 모욕감과 억울함을 억누르다 보니 나에게 맺힌 한이 있다면 이것일 것이다.

굴욕적이긴 하지만 그 당시 저항할 수 있는 힘이 나한테는 없었다. 어떤 합리화로도 그 굴욕감은 감출 수가 없었으니 결국 맺힐 수밖에 없다. 한때는 나도 주먹을 휘두르고 싶어 당수도 배워 보았는데 얼마 가지 못했다. 이런 노력으로도 굴욕감을 달랠 수가 없었기 때문에 평생 지니고 살았다. 의식 수준에서는 그런 굴욕감을 지우고 다스리면서 살았으니 겉으로는 과거에 집착하지 않는 모습으로 살아왔다. 그런데 이상하게 싸움질하는 게 꿈속에 자주 나타난다. 싸움꾼이 되어 상대방과 주먹다짐을 하고 결과도 항상 나의 승리다. 이겨도 아주 잔인하게 이긴다. 나는 이런 꿈을 꾸고 나면 마음이 후련하고 정말 내 주먹이 그렇게 센가 하는 착각도 든다.

현실에서 받았던 굴욕감을 꿈속에서나마 풀지 않았으면 내가 어떻게 의식 수준에서 평상심을 유지할 수 있었겠는가. 젊었을 때는 그런 꿈을 꾸어 본 적이 없는데 나이 들어 이제 와서 그런 꿈을 빈번하게 꾼다는 것은 놀라운 일이다. 놀랍다고 하는 것은, 주먹에 관한 한 내 마음을 잘 다스리고 살아왔다고 생각했는데 꿈속에 나타나는 것을 보면 그 또한 숨어 있었던 집착이 아니었을까 싶어서다.

집착은 외견상 다스린 것같이 보이지만 완전히 다스리기는 어렵다. 의식 수준에서 집착으로부터 될 수 있는 한 자유롭게 살 수 있는 정도라면 만족해야 한다. 나는 싸움에 관한 굴욕감이 이렇게 무의식 속에 집착으로 잔존해 있다는 것을 발견하고 무척 놀랐다. 꿈이 감사한 이유는 무의식 속에 잔존해 있던 그 한에 대한 집착을 꿈속에서나마 이룰 수 있었다는 만족감에 있다. 그래서 꿈은 비록 비현실적이긴 하지만 고마운 일이다. 깨고 나면 나 혼자 웃는다. 내 팔뚝을 만져 보면 근육이라고는 얼마 남아 있지도 않은데 꿈속에서는 내가 주먹 대장이라니….

모든 것은 눈 깜짝할 사이에
변할 수 있다

친구로부터 메일 한 통을 받았다. "뭔가를 해야 하고 하지 않으면 안 된다는 조바심에 쫓기듯 살아온 내 지난날들을 돌아보니 이루어 놓은 게 아무것도 없다는 것이 솔직한 답이라오." 이런 내용인데 나는 이런 투의 투정이나 한탄 같은 이야기를 내 친구들 가운데 여러 명으로부터 들었다. 내 나이 또래면 말은 하지 않았어도 아마 이런 생각을 지니고 있는 사람이 많을 것 같다.

다른 내 친구 하나는 교수로 일생을 지내면서 학술적 업적도 엄청 많이 남긴 친구인데 그의 말 역시 해 놓은 것이 별로 없단다. 우리나라 굴지의 재벌 회사에서 사장을 두루 거치고 정년 퇴임한 한 친구도 젊었을 때 그렇게 활발하게 일하고

서도 지금은 앞의 친구들과 비슷한 이야기를 하면서 의기소침해하고 있다. 모두들 왜 그럴까 생각해 보니 나도 그런 생각이 스쳐 지나갈 때가 한두 번이 아니다.

오늘 내 친구의 메일을 받고 나는 답장을 이렇게 보냈다. "87년 동안 살아오면서 아무것도 한 일이 없다니 그게 무슨 말인가? 좋은 일, 궂은일 마다하지 않고 열심히 살아왔는데 그 결과가 아무것도 한 일이 없다는 느낌이니 동의할 수가 없다. 비록 나 스스로도 간간이 그런 생각은 스칠 때가 있지만 나는 머리를 한 번 흔들고 다시 생각해 보면 엄청나게 많은 일을 했다. 엄청나게 많은 일을 했다는 것은 역사에 남을 족적을 남겼다는 뜻이 아니고 일개미처럼 바쁘게 앞만 보고 살아왔다는 의미다." 쓰고 보니 틀린 말은 아니지만 내 마음속에 도사리고 있는 내 친구와 같은 마음을 아예 지울 수는 없다. 그래서 짓궂은 답을 우리가 한 일이 많다는 증거 삼아 하나 덧붙여 보냈다. "87×365×3=95,265". 이게 무슨 말인지 풀어 보라고 했다. 내 친구나 나나 모두 이 공식으로 살아왔는데 한 일이 없다니 염치없는 소리다. 내가 보낸 이 짓궂은 공식 같은 것은 87년 동안 살아오면서 챙겨 먹은 삼시 세끼 밥그릇의 수다. 엄청나지 않은가? 이런 말로도 위로는 안 되겠지만 한순간의 웃음거리는 될 법하다. 이런 식으로 따지고 보면 87년 동안 남겨 온 궤적이 이것뿐이겠는가? 엄청난 궤적을 남기고 있음을 스스로 알지 못하고 있으니 안타깝다. 살면서 아무 일도 못했다고 느끼는 것은 아마도 더 좋은 일이나 더 많은 일을 하지 못했다는 아쉬움 때문이 아닐까 하고 이해해 본다. 작든 크든 자기가 걸어온 과거의 궤적은 자기가 아니고서는 누구도 이룰 수 없는 것이므로 그것이 바로 우리의 소중한 업적인 것이다.

나는 요즘 지나온 87년을 간간이 떠올릴 때가 있다. 기억을 떠올리면서 가장 놀라워하는 것은 내 나이다. 옛날에는 60세를 넘기기도 어려워 70세만 되어도 고래희古來稀라며 드문 일이라 했으니 내 나이가 놀랍지 않을 수 없다. 또 하나 놀라운 것이 있다. 그 긴 세월을 살고도 되돌아보면 그 일생이 한순간이구나, 라는 생각이 꼬리에 꼬리를 물고 따라온다. 순간은 '눈 깜짝할 사이의 매우 짧은 동안'을 말하는데 어찌 눈 깜빡할 사이가 87년 세월에 비길 수 있을까마는 지금 내 느낌은 실로 그렇다.

옛날이야기가 하나 생각난다. 남가지몽南柯之夢이라는 옛 이야기가 있다. 중국 강남 양주 교외에 순우분이란 협객이 있었다. 어느 날 친구들과 술을 마신 후 나무 그늘에서 잠이 들었는데 꿈속에서 국왕의 사위도 되고 태수도 되어 20년 동안 남가군을 다스려 태평성대를 이루었으나 외적의 침입에 많은 군사도 잃고 아내마저 세상을 떠났다. 이에 낙담을 하다가 깜짝 놀라 눈을 떠 보니 꿈이었다. 꿈속의 20년이 현세의 한순간이었다. 이 고사를 두고 보면 세월이 길건 짧건 관계없이 생각에 따라서는 한순간일 수밖에 없다.

티끌 모아 태산이라는 말도 있지 않은가. 티끌 하나는 한순간에 비유되겠지만 그 순간순간이 모이면 백년도 되고 천년도 되지 않을까. 그런데 그 천년이 긴 세월일까 다시 생각해 보면 그조차 순간이다. 천문학자들이 말하는 우주의 생성이나 지구의 나이 듦을 보면 몇 백억년, 몇 천억년, 심지어는 억겁을 언급하는 세월에 비하면 그 또한 순간이 아닐 수 없다. 그렇기는 하지만 우리가 이 세상에 태어나서 세상을 하직할 때까지 몇 년을 살지 모르지만 그 세월을 그냥 한순간이라고 치부하기에는 아까운 세월이다. 그래서 촌음을 아껴 쓰라는 말씀도 있지 않은가. 생각해 보면 모두 내 마음에서 일어나는 생각일 뿐이다.

나이가 들면 몸도 쇠약해지고 없던 병도 생기면서 늙음을 실감하게 되는데 이는 대개 우울증과 많이 연결이 된다. 자기가 살아온 일생을 한순간이라고 생각하고 그 한순간에 이루어 놓은 일도 없다고 여기게 되면 과연 나는 무엇을 위해 어떻게 살았는지 후회가 많을 것이다. 이런 후회에 집착하다 보면 정신 건강을 잃게 된다.

인생을 순간보다 짧다고 말한 선지자들은 많다. 그들도 자신의 경험을 토대로 어느 순간 되돌아보니 그런 생각이 들었을 것이다. 생각을 한번 바꾸어 보자. 잠깐이라도 좋으니 '내가 한 일이 없다'가 아니라 '내가 한 일이 참 많다'고 생각해 보자. 그 많은 일을 하자면 자신이 얼마나 집중하고 얼마나 열심히 세상을 살았는지 한번 되돌아볼 수 있을 것이다. 이 삶을 누가 살았는가? 모두 자기 자신이 산 것이다. 지금은 자기 자신이 살아온 결과다. 그런데 이런 결과를 놓고 왜 자기 자신은 아무 것도 한 일이 없다고 자학하면서 우울증에 빠져야 하는가? 남은 세월을 생각해서라도 긍정적인 생각으로 바꾸어 보는 순간을 만들어 보자. 나도 순간의 우울감에 매몰될 때가 있기는 하지만 남은 순간을 그래도 긍정적으로 바꾸어 보자고 외쳐 보는 것은 선현들이 남긴 말씀들이 위안과 격려를 주기도 하기 때문이다. 많은 말씀들이 있지만 몇 가지 생각나는 대로 적어 보면 다음과 같다.

> 인생은 순간이며 모든 것이 순식간에 주검으로 굳어진다는 것을 알아야 한다.   – 마르쿠스 아우렐리우스(Marcus Aurelius, 121~180)

> 인생은 짧은 이야기와 같다. 중요한 것은 그 길이가 아니라 값어치다.   – L. A. 세네카(Lucius Annaeus Seneca, BC 4년 추정~AD 65)

살 만큼 살았다는 보통의 착각

인생이란 짧은 기간의 망명이다.

— 플라톤(Platon, BC 428/427~BC 348/347)

인생의 기간은 짧다. 그 짧은 인생도 천하게 보내기 위해서는
너무 길다. — W. 셰익스피어(William Shakespeare, 1564~1616)

인생은 짧다. 그러나 불행이 인생을 길게 한다.

— 푸블릴리우스 시루스(Publilius Syrus, BC 85~BC 43)

인생은 짧다. 그러므로 우리는 애태우고 또 착각에 빠진다. 우
리는 이 세상에 사는 짧은 세월 사이에 삶의 열매를 따려고 하
지만 사실은 그 열매가 익는 데는 수천 년이 필요하다.

— H. 카로사(Hans Carossa, 1878~1956)

가장 바쁜 사람이 가장 많은 시간을 가진다. 부지런히 노력하
는 사람이 결국 많은 대가를 얻는다. — 알렉산드리아 피네

내 친구에게 이런 지혜의 말들을 답글로 보내 놓았으니 내
가 새로 받아 볼 그의 답장이 어떻게 올지 궁금해진다. 내 희
망 같아서는 나의 답장을 읽은 내 친구에게서 '아 그래, 그 순
간이 중요하지. 이제 나도 나를 우울 속에 가둘 것이 아니라

자네 말대로 내가 나를 보듬고 칭찬하면서 살아 볼게'라는 긍정적인 답을 받고 싶다.

선현들의 말씀을 마음에 새기면서 87년 동안 그 엄한 세상을 헤치면서 용케도 살아온 나 자신을 스스로 보듬어 주고 칭찬해 본다. 아니, 꼭 칭찬해 주어야 할 것 같다.

숨을 깊이 들이쉬면
마음에 평화가 찾아온다

숨을 깊이 들이쉬면 평화가 올 것이다. 옳고 옳은 말이다. 여기서 옳다는 말을 두 번 강조한 것은 왜인가? 깊은 숨이 아니라 얕은 숨이라도 쉬지 못한다면 평화는커녕 죽음밖에 없기 때문이 아니겠는가. 그래서 사람이 죽고 사는 걸 살필 때 숨을 쉬는지 안 쉬는지 또는 심장이 뛰는지 안 뛰는지를 기준으로 삼는다. 나는 아침에 눈을 뜨면 내가 숨을 쉬고 있고 심장이 뛰고 있다는 사실에 제일 먼저 감사한 마음을 가진다. 왜냐하면 살아 있으니까.

숨을 깊이 들이쉬라고 권하는 데는 이유가 있다. 첫째, 깊은 숨을 들이쉬면 폐활량을 키워 우리 신체의 공기 순환을 증진시키게 된다. 둘째, 마음이 담담해질 수 있다. 마음이 담담해지기 위해서는 여러 가지 방법이 있겠으나 호흡법이 널리 사용되고 있다. 단전호흡이라든지 명상이라든지 요가라든지 등등 이런 행위들은 기본적으로 호흡법을 바탕으로 하고 있다.

나는 네팔을 오래도록 방문한 경험을 통해 호흡과 연관하여 기억에 남는 두 가지 일화가 있다. 하나는 2003년 세계 최고봉 에베레스트 등정 50주년을 기념해 열린 산악 마라톤에서 84세의 한국 노인이 완주했다는 사실이고, 다른 하나는 명상이 네팔 문화 전반에 걸쳐 널리 생활화되어 있다는 사실이다. 앞에 말한 84세의 노인은 내가 생각하기에는 이렇게도 정정하신 노인이 있었다니 놀라울 뿐이고 마라톤 코스가 에베레스트 베이스캠프에서 루쿠라까지이니 짧은 거리가 아니다. 마라톤을 완주하려면 기본적인 신체 조건은 물론이고 다리 근력도 좋아야 하겠지만 고른 들숨과 날숨의 조화가 없이는 이루지 못한다.

마라톤은 젊은 사람들도 어려운데 이 84세의 노인이 완주를 했다니 놀랍지 않은가. 그래서 좀 더 이분을 알기 위해 검색해 보았더니 놀랍게도 생활참선을 공부하고 후학들을 많이 가르치신 은퇴한 교수님이었다. 이 생활참선은 여러 면에서 설명할 수 있으나 호흡만 가지고 이야기한다면 들숨과 날숨이 고르고 평정하다. 그러니 평화롭지 않을 수가 있겠는가. 네팔 사람들은 대부분 힌두교도들인데 종교 수행의 일환으로 생활

참선을 많이 한다. 그분들에게는 생활이 곧 참선이고 참선이
곧 생활이니 그분들이 담담하지 않을 수가 없다.

처음 네팔을 찾은 1982년 내가 느낀 신선한 문화 충격들
이 많았으나 그 가운데 하나가 그들의 담담한 마음이었다. 그
담담함이 평화롭게 느껴져서 어디에서 온 것일까 궁금했는데
그것이 곧 생활참선이었다. 나도 네팔을 드나든 지가 올해로
꼭 36년이나 되었는데 갈 때마다 이 생활참선을 몇 주일간 흉
내 내다가 돌아왔다. 돌아와서는 게을러서 지속하지 못한 아
쉬움이 있으나 네팔을 다녀오고 난 이후 수개월 동안은 그런
참선 경험으로 인해서 그런지는 모르겠으나 담담함을 느끼곤
했었다. 내가 현직에 있을 때 많은 환자들을 보면서 노여움이
많거나 화가 많은 내담자를 많이 만났다. 그분들을 치료하면
서 내가 자주 완곡하게 권유한 치료법이 화가 나면 깊은 숨을
서너 번 쉬어 보라는 것이었다. 깊은 숨을 쉬는 동안 짧은 시
간이긴 하지만 자신을 조금 거리를 두고 생각할 수 있는 여유
를 가져 보자는 뜻에서 그렇게 한 것이다. 우리나라의 옛말에
'참을 인忍 자 석 자면 살인도 면한다'고 하지 않았는가. 분노
나 폭력성을 잠재우자면 이처럼 짧지만 최소한의 시간과 거리
는 확보할 필요가 있을 것이다. 그 같은 생각에서 네팔에서의
생활참선 경험과 비슷한 것을 그분들에게 한번 해 보라고 권
해 본 것이다. 통계까지 내 본 것은 아니지만 내 경험상 심호

흡은 내담자의 분노나 폭력성을 잠시 멈추게 하는 효과가 있었다. 그 분노나 폭력성이 잠시나마 자제가 되어야 그 틈새를 이용하여 치료적으로 접근할 수 있기 때문에 퍽 유용한 권유였다는 생각이 든다.

이와 관련해 우리 모두가 과거에 해 보았던 깊은 숨을 쉬는 것을 떠올려 보게 된다. 소위 보건 체조라고 하는 아침 조회 때 했던 체조 말이다. 건강에 유효한 열 가지 몸동작을 하는데 마지막이 양팔을 뒤로 젖히면서 깊은 숨을 들이쉬는 동작이다. 앞에서 내가 설명한 깊은 숨에 대한 뜻을 그때도 이해를 하고 그런 동작을 만들었는지는 모르겠으나 참 유용한 마지막 동작이었다.

깊은 숨을 들이쉬면 마음이 담담해진다고 했는데, 그 담담함과 연관 지어 연상되는 한 가지 내 이야기를 해 보면 옛날에 현대중공업의 초청을 받아 사원들에게 교양 강연을 한 적이 있다. 울산에 내려가 안내인을 따라 현장과 사무실을 두루 살펴보았는데 곳곳마다 이런 표어가 붙어 있었다. '담담하라 그러면 성공할 것이다.' 이걸 보고 퍽 모순된 표어라고 생각했다. 정주영 회장님은 정작 담담하기보다는 역동적인 기업 활동을 통해 동분서주하면서 왜 직원들에게는 담담하라고 요구했을까? 회장님에게 직접 물어보지는 않았으나 네팔을 왕래한 오랜 체험을 통해 내 나름대로 "담담하라 그러면 성공할 것이다"

라는 표어의 숨은 뜻을 이해하게 되었다. 생활참선을 통해 담담함을 얻는다면 평화롭다고 하지 않았는가. 평화롭다면 각자의 선택에 따라 정주영 회장님 같은 역동적인 활동으로 이어지는 것이구나 하고 이해를 하게 되었다.

우리 삶에 중요하지 않은 동작이 있을까마는 그중에서도 호흡법이 중요한 것이라면 어떻게 숨 쉬는 것이 몸과 마음에 이로운 영향을 줄 수 있을까 궁금해진다. 그래서 호흡법에 관한 것을 검색해 보았다. 그 내용을 정리해서 적어 본다.

1. 먼저 가장 편안한 장소에 자리를 잡습니다. 앉거나 누워도 괜찮습니다. 굳이 양반다리를 할 필요는 없습니다.

2. 내가 지금 어느 공간에 있는지 집중을 하며 크고 깊게 호흡합니다. 코로 들이마시고 입으로 내뱉습니다. 숨을 들이마실 때는 폐에 공기가 가득 차는 것을 느껴 보고 숨을 뱉을 때는 온몸의 근육이 풀어지는 것을 느껴 봅니다.

3. 원하시는 분들은 눈을 감으셔도 됩니다. 멈춰 있는 느낌을 인지하고 즐겨 봅시다. 아무것도 하지 않고 그 자리에서 가만히 있습니다.

4. 몸의 무게를 느껴 봅시다. 몸의 무게가 바닥을 뚫고 깊게 내려간다는 느낌을 느껴 봅니다.

5. 두리번거리지 않고 가만히 주변의 공간에 집중해 봅시다.

다양한 소리가 들릴 수 있지만 거부하지 않습니다. 있는 그
대로 자연스럽게 받아들입니다.

6. 내 몸의 느낌을 알아차려 봅시다. 몸이 묵직한 것 같나요?
가벼운 것 같나요? 긴장한 것 같나요? 차분한 것 같나요?

7. 잡생각이 들 수도 있고 마음이 어수선할 수도 있습니다. 그
럴 때는 가만히 그 순간을 알아차리고 천천히 다시 호흡을
느껴 봅니다.

8. 호흡을 알아차려 봅시다. 내 호흡이 긴지 짧은지, 깊은지 얕
은지 알아차렸다면 숨을 들이마실 때 하나를, 숨을 내쉴 때
둘을 세면서 열까지 세어 봅니다. 노력할 필요 없이 자연스
럽게 해 봅니다. 잡생각이 든다면 다시 호흡에 집중하며 그
냥 흘러가게 둡시다.

9. 이번엔 호흡에도 집중하지 마시고 잠시 마음이 흘러가는 대
로 둡니다. 생각을 하고 싶다면 하시면 됩니다. 그저 마음이
하고 싶은 대로 내버려 둡니다. 다시 내가 어느 공간에 있는
지 집중을 하며 주변 소리에 귀 기울여 봅니다.

10. 몸을 움직이기 전에 지금 몸의 느낌과 마음의 상태가 어떤
지 느껴 봅시다. 어떤 도움이 되었는지 생각하거나 분석하
는 게 아니라 그저 지금의 내 상태를 느껴 봅시다.

위의 내용은 이 글을 쓴 이가 자신의 체험을 정리한 것일

것이다. 이런 순서는 아니더라도 각자 나름대로 깊은 숨을 잠깐 동안이라도 쉬어 보는 습관을 들여 보자. 누구에게나 담담함이 찾아올 것이다.

쓸모없는 것들을 제거하라

잡동사니라는 말이 있다. '별 소용이 없는 여러 가지가 잡다하게 뒤섞인 것'이라는 뜻인데 우리가 살아가면서 주변을 살펴보면 꼭 일상생활에 필요한 것도 아닌데 많은 것을 갖고 있다. 이런 물건들이야 이사 갈 때나 혹은 평소에 틈틈이 집을 정리하면서 버려도 될 일이다. 그런데 버리려고 해도 잘 버려지지 않는 것도 있다. 대개 수집벽이 있는 주인이 그동안 모아둔 물건을 스스로 버리기가 어려운 경우다.

내가 경험한 한 환자의 이야기를 적어 본다. 이 환자는 말문이 막혀 응급실을 통해 내가 맡게 된 환자인데 사연을 들어보니 그가 일생 동안 수집해 놓은 물건들을 자녀들이 구질구질하다고 환자가 없는 사이에 버려 버렸다고 한다. 집에 돌아

삶 만큼 살았다는 보통이 최감

와 자신이 애지중지 모아 둔 수집품이 없어진 것을 알고 충격을 받아 말문이 막힌 것이다. 그분에게는 굉장히 중요한 수집품이었지만 자녀들의 눈에는 하찮은 쓰레기에 가까운 물건들로 보였기 때문에 집을 정리하면서 버린 것이다. 우리 주변에서 귀하고 하찮은 것을 구분할 것 없이 수집하는 사람이 얼마만큼의 애착을 가지고 수집했는가에 따라 그 충격이 다를 것이다.

이런 물건에 비해 버리기가 쉽지 않은 것이 있다면 그것은 우리 머릿속에 담겨 있는 오만가지 잡동사니 생각일 것이다. 이런 잡동사니 사고를 지닌 사람들은 대개 한 가지 일에 집중하지 못하는 결점이 있다. 생각하기에 따라서는 사고의 잡동사니는 유익한 것들도 많다. 다른 한편으로는 비현실적인 상상도 많아서 이런 것들이 함께 엉켜 개인의 사고 체계를 형성한다면 머릿속이 여간 복잡하지가 않다. 이런 사람들이 호소하는 것을 들어 보면 대부분 두통이 흔하다.

두통이란 머리가 아프다는 뜻인데 환자들은 대개 "아이고 머리야"라거나 문자 쓰듯이 "아이고 두頭야"라고 아픔을 표현한다. 재미있는 것이 '두통 Headache'이라는 이름의 의학 교과서가 있는데 그 책머리에 이런 말이 적혀 있다. '두통은 골치 아픈 것이다 Headache is headache.' 그만큼 두통을 규명하기가 어려워 서술하기에도 머리가 지끈지끈하다는 뜻이다.

내가 해 본 잡동사니 생각을 하나 소개해 본다. 고등학교에 다닐 때 나는 이 잡동사니라는 용어에 매료되었다. 무슨 큰 뜻이 있어서가 아니라 그저 그 단어가 매력적으로 느껴졌다. 아마도 내가 잡동사니 같은 많은 공상을 하고 있었던 시절이라 그 단어에 매료되었던 것 같다. 나는 잡동사니라는 주제로 시를 하나 썼다. 국어 선생님에게 제출하여 지도를 바랐는데 선생님은 잡동사니라는 단어의 제목은 알겠는데 시의 내용은 무슨 말인지 하나도 모르겠다고 하셨다. 나는 그때 그 말씀을 듣고 엄청 실망도 했지만 이런 내용을 이해 못 하시다니 국어 선생님이 맞는가, 그런 엉뚱한 생각을 했다.

내가 대학에 진학하여 문학 동아리에 들어가고 지도 교수로부터 체계적인 지도를 받으면서 잡동사니에 관해 생각을 다시 해 보았다. 부끄러워서 고백하기도 힘들지만, 대학교 다닐 때 고등학교 때 쓴 그 '잡동사니'라는 시를 읽어 보니 나도 무슨 소리인지 모르겠다. 나도 모를 소리를 했으니 선생님이 이해하지 못한 것은 당연한 일이다. 간추려 생각해 보면 잡동사니라는 단어에 매료되었을 뿐 이를 통해 내가 전하고자 하는 그 무엇이 아무것도 없었다. 잡동사니라는 제목처럼 다른 단어들이 또 매력적으로 느껴지면 그것을 그냥 나열해 두었으니 앞뒤 연결도 안 되고 내가 전하고자 하는 내용도 없었다. 그런 것을 시라고 선생님에게 조언을 구했으니 여간 창피한 일이 아니다.

나는 정신과 의사가 되어 많은 환자를 보면서 또 이 잡동사니라는 단어에 대하여 또 다른 의미에서 매료되었다. 환자들의 사고 체계를 보면 이 잡동사니와 너무 닮은 것이 많았기 때문이다. 그런데 치료하면서 더 크게 놀란 것은 나한테 지금 고통을 호소하는 그 내용이 내가 하는 잡동사니 생각과 하나도 다르지 않다는 것이다. 그러니 깜짝 놀라지 않을 수가 없었다. 지금 나에게 고통을 호소하면서 치료받으려고 마주 앉아 있는 그들의 이야기를 듣다 보면 나와 다를 것이 하나도 없다. 그렇다면 나는 환자인가? 그런 생각으로 연상이 연결되면서 나는 더욱 놀랐다. 나는 이런 사실을 감추면서 환자를 치료했다. 감추었다는 말은 나도 환자와 똑같은 생각을 하고 있다는 사실을 숨겼다는 뜻이다. 내가 만일 내 생각을 입 밖으로 낸다면 나도 환자라는 낙인이 찍히기에 꼭 알맞기 때문에 나는 그런 생각을 갖지 않는 사람처럼 숨겼다.

경험이 좀 쌓일수록 이것 역시 나의 또 다른 잡동사니 생각이라는 것을 환자로부터 배웠다. 환자와 내가 다른 것은 나는 잡동사니를 공상으로 즐겼을 뿐이라는 점이다. 나는 그것들을 믿거나 그 믿음을 확신하고 행동화하고 집착하지 않았다. 이것이 내가 환자와 다른 점이다. 잡동사니 생각을 하고 있다가도 일상생활로 돌아올 수 있었으니 단지 잡동사니 같은 공상으로만 즐겼을 뿐 현실로 돌아오는 '현실 검증 능력'을 잃지 않고 있었으니 내가 치료자가 될 수 있었던 것이다. 환자들은 나와 똑같은 생각을 하면서도 그 생각을 믿고 현실이 아닌 것을 확신하여 그 확신을 행동화하고 그 행동화에 집착함으로써 망상에까지 이르니 환자라는 라벨을 받게 되는 것이다.

잡동사니 같은 생각은 사람이면 누구나 갖는다. 설령 논리적인 사고나 과학적인 질서를 믿고 있는 사람들도 이런 백일몽 같은 잡동사니 생각은 갖고 있다. 앞에서 말했다시피 단지 현실 검증 능력이 있느냐 없느냐에 따라서 환자인가 아닌가 분별이 된다. 잡동사니 생각이 반드시 쓰레기 같은 부정적인 생각만은 아니다. 그런 경계도 없는 백일몽 같은 생각일지라도 이를 재활용하듯이 재미있게 재생하는 능력이 있다면 훌륭한 예술가가 될 것이고 그 백일몽이 궁금하여 체계 있게 추적을 한다면 훌륭한 과학자가 될 것이다. 일반적으로는 잡동사니 생각은 잘 정리된 사고에 비해서는 부정적인 소인이 많다. 이런 잡동사니 생각은 여러 가지 방식으로 사람을 무겁게 짓누른다. 그러니 떨쳐 버리는 것이 일반적인 해결 방법이겠으나 조금 더 용기를 가진 사람이라면 떨쳐 버리기보다 이를 활용하는 쪽으로 힘을 기울일 것이다. 다만 환자와 정상인의 경계라고 할 수 있는 현실 검증 능력만 잃지 않는다면 잡동사니 생각은 오히려 우리에게 새로움을 재생해 줄 것이다.

라이트Wright 형제가 하늘을 날고 싶다고 생각한 것은 그들의 잡동사니 같은 엉뚱한 생각에서 비롯되었을 것이다. 그 궁금증을 용기를 갖고 파고들다 보니 비행기의 원조를 발명해 낸 것이다. 잡동사니 같은 생각으로부터 출발한 이러한 결실은 역사적으로 살펴보면 많은 예술가나 과학자들의 업적이 확인해 주는 것이다.

우리 모두 잡동사니 생각을 생산적으로 활용해 보는 힘을 키우자.

그것은 네 문제다

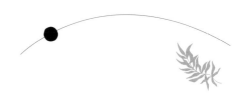

    친구로부터 메일 한 통을 받았다. 그는 매일 좋은 글귀를 수집하여 친구들에게 보내 주는 고마운 친구다. 매일 하나하나 읽어 보면 버릴 것이 하나도 없다. 때로는 그 좋은 글귀대로 실천을 하지 못한 부끄러움도 있으나 나에겐 모두가 영양가 높은 충고의 글들이다. 오늘 보내온 글은 "당신 외에는 아무도 당신의 행복을 책임지지 않습니다"라는 것이다.

    행복이란 누가 나에게 주는 것이라고 생각하는 사람들이 많다. 그런데 오늘 친구가 보내 준 글처럼 행복은 남이 주는 것이 아니다. 행복뿐 아니다. 세상살이 전부가 따지고 보면 누가 나에게 주는 것이 아니라 나의 노력으로 획득하는 것이다. 전적으로 내 힘만 가지고 획득되는 것은 아니지만 남에 의해서 주어지는 것은 더욱 아니다.

친구의 메일을 보고 내가 간직하고 있는 경험 하나를 적어 본다. 나는 등산을 좋아해서 일찍부터 산에 많이 다녔다. 나의 로망은 히말라야 산맥이 있는 네팔에 가는 것이었으나 사회적 인 상황이 여의치 못해 가지 못하고 있다가 1982년에 히말라 야 마칼루를 처음으로 등반하게 되었다. 이후 인연이 계속되 어 매년 네팔을 다녀올 수 있었는데 기왕 네팔에 갈 거면 네팔 을 위해 봉사할 수 있는 일이 무엇일까 생각하다가 1986년부 터 지금까지 의료봉사와 문화 교류 등을 이어 오고 있다.

나는 네팔을 갈 때마다 꼭 들르는 곳이 있는데 바로 룸비 니 동산이다. 불교 신자도 아닌데 그곳을 꼭 찾는 이유는 아마 도 어머님이 돈독한 불자여서인 것 같다. 한두 번도 아니고 여 러 차례 룸비니 동산을 방문할 수 있었던 것은 나에겐 크나큰 행복이다. 우리나라의 그 많은 불자 중에 한 번도 못 가 본 이 들이 많을 텐데 나는 무슨 인연으로 이렇게 해마다 룸비니를 방문할 수 있는 행복이 주어졌단 말인가. 흔한 말로 내가 룸 비니를 이렇게 매년 방문할 수 있는 업이 어디에서 생겼을까? 전생에 내가 닦아 놓은 선업이 많아서 그럴까? 이런 상상도 해 보지만 그렇다고 해서 불자도 아닌 내가 부처님의 탄생지 인 룸비니와 이렇게 지속적인 인연이 이어진다는 것은 나 혼 자만의 선업 때문은 아닐 것이다. 그리하여 짐작건대 어머님의 돈독한 불심이 나로 하여금 룸비니와 인연을 갖게 만들어 준 것이 아닌가, 라고 의미를 부여해 본다. 이는 나만의 인연 만으로 이루어진 게 아닐 것이라는 상상에서 비롯되었고 그렇 다면 이 인연을 지속적으로 있게 만든 조력자가 있었을 것이 라는 또 다른 상상을 해 보게 된 것이다. 그런데 친구가 보내 준 메일에는 "당신 외에는 아무도 당신의 행복을 책임지지 않 습니다"라고 했으니 나와 룸비니의 인연도 그저 나만의 인연 이었던 걸까? 돈독한 불교 신자이신 어머님의 덕이 아니었던 가? 이런 의문이 든다.

또 생각나는 것이 있다. 정신과 수련의로 있을 때 주임 교 수가 하셨던 말씀이다. 정신과에 대한 궁금증이 많아서 선생 님께 질문을 하면 그 선생님은 질문에 대한 구체적인 답변은 주시지 않고 "그것은 내 문제다" 이런 간결하고 알아듣기 힘든 대답만 주신다. 모든 것이 나의 문제라는 뜻인데 불가에서 일 체유심조一切唯心造(모든 일이 오직 내 마음에서 지어내는 것)라고 했 으니 교수님이 하신 그 말씀도 틀리지 않는다. 이 교수님의 말 씀을 오래 듣다가 보면 정신과 의사 하기가 너무 쉽다는 생각 을 했다.

마음의 고통을 호소하는 어느 환자분을 치료하던 중에 있 었던 일이다. 그 환자가 준 의학적인 정보를 종합하여 되돌려 주는 소위 해석이라는 과정이 있는데 이때 나는 교수님의 흉내를 내 보았다. "그것은 선생님의 문제입니다." 이 말을 했더니 환자는 갑자기 밝은 표정을 하면서 통찰한 사람처럼 기뻐했다. 내 말을 어떤 식으로 받아들였는지는 모르겠지만 그의 해석이 그 자신에게 매우 적절하고 유효했던 것만은 사실로 보였다.

그런데 나는 교수님의 이런 대답에 진력이 나서 한번은 그런 대답을 되돌려 드린 적이 있다. "'그것은 내 문제다'라고 말씀하시는 그게 바로 선생님의 문제가 아닌가요?" 이 말은 나와 함께 수련을 받았던 많은 친구들 사이에서 지금까지도 입에 오르내린다. 듣기에 따라서는 내가 교수님에게 저항하는 것처럼 보이겠지만 나는 단지 그 말씀과 관련하여 좀 더 구체적인 대답을 받고 싶어서 해 본 질문이다. 그랬더니 교수님의 대답은 여전하다. "자네, 바로 그게 자네 문제야." 혹을 떼려다가 혹을 하나 더 붙인 셈이다.

나는 오래도록 이 말씀의 글귀에 매달렸다. 그러니 해답이 나올 수가 없다. 교수님은 그 간결한 해답을 주면서 그 말이 내포하고 있는 뜻을 내가 통찰하기를 바랐던 것인데 글귀에만 매달려 있었으니 전하시고자 하는 숨은 뜻을 알아차릴 수가 있었겠는가? 달을 보라고 손가락으로 가리키면 사람들은 달은 보지 않고 달을 가리키는 손가락만 본다고 했는데 내가 곧 그 꼴이었다. 선생님의 말씀을 뜻으로 새기기 시작한 것은 내가 정신과 의사가 되고도 한참 후에 일이다. "그것은 내 문제다." 이 간결한 말 가운데 포함되어 있는 참뜻은 무궁무진하다. 이 말귀를 알아들은 때는 지식과 경험이 많이 쌓이고 난 이후였다.

같은 글귀라도 그 뜻을 해석하자면 여러 갈래일 것이다. 일반적으로 이 여러 갈래의 뜻을 터득하기까지는 세월이 필요하다. 내 친구가 보내 준 메일의 글귀로 다시 돌아가 보자. "당신 외에는 아무도 당신의 행복을 책임지지 않습니다." 이 말을 글귀대로 해석하자면 '자기의 행복은 자기가 가꾸고 만들어야 하는 자기 문제'라고 설명할 수 있으나 그 글귀가 품고 있는 뜻으로 해석해 보자면 '다른 사람이 책임질 일은 아니지만 다른 사람들의 도움이 없이는 그 행복이라는 것도 얻기 어려울 것'이라고 생각해 볼 수 있다. 이 글귀가 우리에게 전하고자 하는 숨은 뜻은 내가 행복의 주체이긴 하지만 타인에게도 알게 모르게 많이 신세지고 있다는 것이리라. 그런데도 아무도 책임지지 않는다는 말은 내가 나임을 나타내는 주체성이 중심이 되어야 한다는 뜻이 숨어 있을 것이다.

말이나 글이나 모두 내 생각이나 뜻을 상대방에게 올바르게 전하기 위한 것이다. 뜻에 대하여 듣지 않고도 쉽게 이해할 수 있는 말과 글도 있지만 심오한 뜻을 응축하여 짧은 말이나 글 속에 담아서 전하는 경우도 있다. 그 뜻을 헤아려 이해한다면 한 차원 수준 높은 소통이 될 것이다. 이젠 남이 먹여 주는 행복을 먹지 말고 내 스스로 행복을 만들자. 내 마음 그릇이 넘치도록 말이다.

삶은
내가 선택하는 것이다

많은 사람이 이 세상을 살아가면서 어떻게 살아가면 좋을까 고민한다. 스스로 길을 찾아 살아가는 사람이 있는가 하면, 살아가는 방법을 끝도 없이 다른 사람에게 물어보고 의존해서 살아가려는 사람들도 많다. 이렇게 살아가든 저렇게 살아가든 자기 인생이니까 같은 값이면 잘 살아 보고자 한다. 잘 산다는 건 어떤 것일까? 흔한 말로 행복하게 사는 것이 아닐까 싶다. 하지만 그 행복이라는 것이 눈에 보이는 것도 아니고 만져 볼 수 있는 것도 아니니 추상적이다. 즉 행복은 삶을 살아가는 사람들의 주관적인 느낌일 것이다.

나는 가족들이 모이면 종종 짓궂은 말로 소통의 불씨를 붙이곤 한다. 내가 그런 짓궂은 소통을 할 때의 레퍼토리 가운데

삶 만큼 살았다는 보통이 처라

하나는 "내 마음대로 되는 게 하나도 없어" 이런 말을 던져 두는 것이다. 그러면 온 가족들이 나에게 화살을 쏘면서 제가끔 항변한다. 나는 그 항변을 들으면 속으로 웃으면서 나의 짓궂음을 만족스러워한다.

가족들의 반응은 대체로 비슷하다. 일생 동안 내가 내 마음대로 살아 놓고 매번 내 마음대로 되는 게 하나도 없다고 하니 말도 되지 않는단다. 그런 대답이 오면 나는 한 번 더 짓궂은 질문으로 가족들의 마음을 헤집어 본다. "그래 내 마음대로 한 게 있다면 말해 봐." 이런 엉뚱한 질문을 또다시 한 번 더 하면 가족들은 더 열을 낸다. 무엇 하나 증거를 댈 필요도 없단다. 지금까지 내가 해 온 짓이 모두 자기 마음대로 한 건데 무슨 증거가 필요하냐고 한다.

그러면 세 번째로 던지는 질문은 정말 화를 머리끝까지 올리는 소리다. "그렇다면 우리 종로 네거리에 나가서 물어보자. 내가 내 마음대로 살았는지." 이쯤 되면 대화랄 것도 없다. 다툼이다. 나의 억지 같은 질문에 가족들은 최후의 아껴 둔 반항을 한다. "아빠, 치매 걸린 거 아니야?" 이크, 재미있자고 한 짓궂은 말인데 이런 내 말이 치매가 걸려 반복하는 소리로 들렸다면 여기서 끝내는 게 좋겠다. 그래서 우리 가족의 화를 불러일으키는 대화를 시작하고 그 대화가 끝날 때는 나의 마음속에서는 잔잔한 웃음꽃이 피어난다.

나는 때때로 나 혼자 이런 생각을 해 본다. 누가 내 마음대로 하지 말라고 말리지도 않았는데 녹음테이프 틀어 놓듯이 입만 열면 내 마음대로 된 것이 없다고 했으니 가족들이 그 말을 정말로 믿고 대들 만하다. 내가 정말로 그렇게 믿어서가 아니라 그런 말로 가족들 각각의 생각을 들어 보고자 하는 의도가 깔려 있는 것인데 나의 이런 짓궂은 장난기도 모르고 가족들은 정색하며 대답을 하니 그들 입장에서는 치매가 걸려서 그렇다고 오해할 만하다.

생각해 보면 사람이 산다고 하는 것은 자기 선택이다. 어떤 삶을 살았던 간에 그 삶을 최종적으로 선택한 사람은 자신이다. 살아가면서 고통스럽거나 무엇이 잘못되면 사람들은 흔히 다른 사람 때문이라고 탓을 하는 경우가 많다.

요즘 텔레비전에서 무슨 무슨 펀드에 투자했다가 손해 본 사람이 많다고 보도하면서 그들의 육성을 함께 보도하는 것을 여러 번 보았다. 펀드에 대한 구체적인 지식은 없으나 경제적인 이득을 위해 투자하는 것일 텐데 손해를 보았다고 해서 그것이 왜 다른 사람 탓일까? 나는 그것이 늘 의문이었다. 손해 본 사람들의 이야기로는 지인 누구누구가 권해서, 신뢰할 만한 기관에서 추천을 해서 아니면 연예인 등 유명 인사들이 안심하고 투자해도 좋다고 말해서 그 말을 믿고 투자했다가 이렇게 손해를 보았으니 그런 말을 나에게 해 준 사람들의 탓이라는 논리다. 한번 생각해 보자. 주변에서 사기를 치기 위해 감언이설로 의식적으로 권하는 사람도 있겠지만 실제로 재테크를 할 수 있다고 믿고 권하는 사람들도 있을 것이다.

주변에서 나에게 어떤 권유를 한다고 한들 그 권유를 받아들이고 받아들이지 않고는 오로지 내가 선택하는 것이다. 권장하는 사람들의 말에 귀가 솔깃하긴 했겠지만 종국적으로 투자를 하느냐 마느냐 하는 결정은 내가 하는 스스로의 선택이다. 인생살이가 비단 이런 경우의 선택뿐이겠는가. 내 생각에는 천재지변이나 인재 등 개인이 어떻게 선택할 수 없는 경우를 제외하고는 모든 삶이 자기의 선택에서 비롯된다.

1960년대에 내가 군의관으로 근무할 당시의 경험 하나를 소개한다. 나는 사회에서 전문의 과정을 마치고 전문의가 되어 훈련을 받고 대위로 입관되어 서울에 있는 수도육군병원으로 배속되었다. 그렇게 군 생활을 시작한 지 얼마 되지 않았을 때 겪은 일이다. 지금도 그렇지만 우리나라는 국민 개병제라서 연초가 되면 해당 청년들을 신체검사 하여 군 복무를 하기에 적합한지 확인을 한다. 이를 위해 신검반(신체검사반)이란 것을 꾸려 전국 각지에서 운영하고 있었다. 내 친구 하나가 신검반에 차출되어 서울 지구 청년들을 신체검사 하는 역할을 맡았다. 군의관과 군 고위 장교를 판정관으로 한 팀을 꾸리는데 부정을 막기 위해 이들을 서울에 있는 한 여관을 잡아 합숙

시키고 외부인 접촉을 철저히 막았다.

　그런데 내 친구는 틈을 내어 우리 집에 와서 작은 가방 하나를 맡겨 두었다가 주말에 찾아가곤 했다. 나는 그 가방에 무엇이 들어 있는지 궁금해서 한번 열어 보았더니 현금 돈뭉치다. 나는 당시 사남매의 가장으로 경제적인 어려움을 겪고 있던 터라 그 돈을 보니 내 마음속에서 흑심이 꿈틀거렸다. 나도 신검반에 가서 이런 돈을 모을 수 있다면 얼마나 좋을까? 이런 생각에 매몰되니 그런 행위가 사회적으로 지탄받는 부정행위라는 것도 잠시 잊고 내 학교 선배님을 찾아갔다. 그분은 군의관 중에 계급이 가장 높은 준장으로 국방부 의무감을 맡고 있었다. 그분과 나는 학생 때부터 가까운 친분이 있었기 때문에 나를 신검반에 차출해 달라고 부탁하기 위해 국방부를 찾았다.

　나는 아무런 죄의식도 없이 선배님에게 신검반 요원으로 발령해 줄 것을 부탁했다. 내 말을 찬찬히 듣고 있던 선배님은 나에게 이렇게 물었다. "이 대위, 왜 신검반에 가려고 하는가?" 이런 질문을 받고 내 친구 이야기를 하면서 나도 돈이 좀 필요하다고 솔직하게 털어놓았다. 이 철없는 흑심을 들은 선배님의 대답은 이랬다. "이 대위, 그런 목적이라면 신검반에 가면 안 돼." 나는 그의 거절을 듣고 섭섭했다. 자기 전화 한 통이면 나를 지금 당장 신검반으로 차출해 줄 수도 있는데 야박하다는 생각이 들었다. 그래서 신검반에 참여를 못했는데 공교롭게도 그해에 신검반에 참여했던 모든 군의관들을 전수조사 하여 부정 여부를 가려 처벌한 사건이 있었다.

　나는 선배님의 거절로 참여하지 못했기 때문에 외관상 부정한 군의관은 아니었다. 그러나 지금까지 고백하지 않고 숨겼던 내 속마음의 흑심은 겉과 속이 달랐다. 나는 이 사건을 두고도 삶이란 정말 자기 선택이구나, 라는 확신을 가졌다. 내가 외관상 청렴한 군의관으로 남을 수 있었던 것은 내가 마음 속에 흑심을 품었음에도 선배님의 조언도 있었고 나도 떼를 써 가면서 흑심을 충족할 만한 용기가 없었기 때문이다. 그래서 포기를 선택한 것인데 새옹지마라는 말이 맞다. 그때 내 흑심을 충족하기 위하여 떼를 써서 잘못된 선택을 했다면 지금의 내가 존재할 수 있었겠는가? 아슬아슬한 선택이다.

　세상을 살아가면서 양심적으로 살아가는 분들도 많겠지만 그 속마음까지 양심적인 사람은 그리 많지 않을 것 같다. 내심 많은 사람이 흑심의 유혹을 받지만 최후의 선택을 양심적인 쪽으로 하는 사람이 외관상으로는 흑심을 품고 있는 사람들보다는 좀 더 양심적 선택을 할 수 있고 건강한 마음을 가지고 있는 사람들이 아닐까 생각해 본다.

용서하라

'용서'라는 말을 들으면 언제나 생각이 나는 글귀 하나가 있다. 유태인들이 독일 사람들로부터 학살당한 숫자가 600만 명이다. 그렇게 수많은 사람이 희생을 당했는데 그 원한이 오죽하겠는가. 그럼에도 유태인들은 "용서하자. 그러나 잊지 말자"라는 말을 하고 그 말을 실천했단다. 말로 하기는 참 쉬운 일이나 그런 말을 실천에 옮기는 것은 대단한 일이다. 600만 명이나 학살당하고도 그 학살자를 용서하자니 듣기도 거북하고 실천하기는 더욱 어려운 일인 것 같다. 그럼에도 그들은 정말 자신들을 학살한 독일 사람들을 용서했다. 그것만으로도 대단한데 그 뒤에 붙어 있는 "잊지 말자"라는 말은 더욱 위대하게 들린다. 잊지 말자고 하는 것은 그런 역사를 되풀이하지 않도록 마음을 단단히 가지자는 뜻일 것이다.

내가 경험한 바로 우리나라 사람들의 용서에 대한 생각은 좀 다른 것 같다. 흔히 상대방으로부터 박해를 받거나 고통으로 일관된 관계를 가졌다면 보통 이렇게 표현할 것이다. "내 눈에 흙이 들어가기 전에는 용서할 수 없다." 이 말은 자기에게 해를 입힌 가해자에게 유언을 해서라도 원수를 갚으리라는 뜻일 것이다. 용서와는 거리가 먼 이야기다. 그런데 신기하게도 절대로 용서할 수 없다고 말해 놓고도 그런 사실을 어느 정도 시간이 지나면 쉽게 잊어버리고 만다. 이를 보면 유태인들의 생각과 우리의 관습적인 습관이 서로 다르다는 것을 인식할 수가 있다. 용서란 지은 죄나 저지른 잘못에 대하여 꾸짖거나 벌을 주지 않고 너그럽게 보아 준다는 뜻이다. 내가 경험했던 몇 가지 이야기를 사례로 들어 용서란 무엇인지 다시 한번 생각해 본다.

나는 1960년 4월 19일 자유당의 부정선거를 규탄하면서 격렬한 시위에 참여한 바가 있다. 그것도 학생회장이었기 때문에 계획도 하고 선두에서 지휘도 했는데 그러자니 점점 더 격렬한 시위로 번지게 되었다. 이런 일로 경찰에 잡혀가 신문을 받고 동료 대표인 네 사람이 함께 검찰에 기소되어 재판을 받게 되었는데 고등법원에서 선고유예라는 판결을 받고 마무리된 적이 있다. 덕분에 졸업을 할 수 있었고 졸업 후 수련의로 남아 정신과 의사가 되기 위한 공부를 지속했다. 그때 5.16 군사 쿠데타가 일어났다. 이 쿠데타로 인해 종결되었던 내 사건은 다시 이슈화되었고 대법원에서 10개월의 실형을 받고 대구 교도소에서 복역을 했다. 이런 일련의 사건 때문에 의사가 되고 나서 경찰관, 검사, 교도관 그리고 군인들은 어떤 응급 상황이 생겨도 나는 의사로서 그들을 절대 돕지 않으리라고 마음속으로 맹세했다.

이것은 내가 그 어떤 사람에게도 말한 적이 없기 때문에 아무도 알지 못한다. 하지만 겉으로 나타난 내 행동은 그 네 가지 직종에 종사하는 환자들은 절대로 도움을 주지 않는 것이었다. 한번은 응급실로 교통사고 환자가 들어와서 내려가보았더니 머리를 다친 교도관이었다. 교도관은 내가 절대로 봐주지 않을 것이라고 맹세했던 사람들 중에 한 사람이다. 그 당시에는 내가 근무했던 대학병원에는 신경외과가 없었기 때문에 환자를 거절하는 데 좋은 구실이 되었다. 나는 내 속마음을 감춘 채 함께 보호자로 따라온 다른 교도관에게 수술이 불가능하다고 이야기했다. 그러면 어떻게 하면 좋겠느냐고 교도관이 물었다. 내 대답은 현실적으로 실행하기 힘든 것이었지만 나는 말했다. "신경외과가 있는 서울대학병원으로 옮겨 가세요." 대구에서 서울까지 거리가 얼마인데 가다가 생명을 잃을 환자임이 분명한데도 나는 차갑게 그런 대답을 했다.

난감해하는 교도관들이 어쩔 줄을 모르고 있는데 연락을 듣고 가족이 뛰어왔다. 부인과 중학교 1학년쯤 되는 자녀가 왔는데 그 중학생이 입고 있는 교복을 보니 내가 졸업한 모교의 후배다. 이 중학생은 내 가운 옷자락을 붙들고 아버지가 수술을 받다 돌아가셔도 좋으니 제발 수술 좀 해 달라고 애원을 했다. 내 마음 안에서는 속으로 했던 내 맹세와 이 어린 후배의 호소가 서로 충돌하여 잠시 갈피를 잡지 못했다. 내 마음속의 분노가 아니더라도 실제로 우리 병원에는 신경외과가 없었기 때문에 별 부담 없이 나의 속마음을 충족시킬 수 있었다. 내가 합리적인 설명을 했는데도 그 어린 학생은 막무가내로 나를 조른다.

나는 갈피를 잡지 못하고 있다가 그 어린 학생의 애절한 호소에 더는 내 분노를 내세울 수가 없었다. 그래서 마음을 바꾸어 검사한 머리 엑스레이 사진을 들고 외과 과장님 댁을 찾아갔다. 내가 전후 사정을 이야기하고 수술을 부탁드렸더니 "자네 정신이 있나 없나? 나는 배를 째는 일반 외과의사지 머리는 수술해 본 적이 없는 사람이야." 그 말이 맞긴 맞다. 그래서 내가 다시 억지 같은 말을 했다. "배를 째는 것이나 머리를 째는 것이나 째는 것은 같은데 그런 경험을 가진 사람은 교수님밖에 없잖아요." 어린 내 후배가 내게 조르듯이 나도 그렇게 과장님을 졸라서 함께 수술실로 들어가 수술을 했다. 다행히 그 교도관은 약간의 후유증은 있었지만 생명을 건졌다.

이 경험은 내가 의사로서 절대로 봐주지 않겠다고 마음먹은 네 가지 직종에 종사하는 사람들에게 가지고 있던 분노와 적개심에 대한 나의 생각을 바꾸는 계기가 되었다. 내가 그렇게 마음먹었던 이유를 변명하자면 나는 4.19와 5.16을 겪으면서 그들로부터 말로 표현하기 어려운 수모를 많이 받았다. 그 가운데 제일 힘들었던 것이 있다. "자네가 빨갱이가 아니라는 것을 증명해 봐" 이런 질문은 그 당시로서는 가장 무섭고 절망적인 질문이었다.

내가 빨갱이가 아니라는 증거를 내 나름대로 수도 없이 대보았지만 그들은 집요하게 나를 괴롭혔다. 그런 연유로 그 직종에 종사하는 사람들은 내 눈앞에서 죽어 가더라도 돕지 않겠다는 분노의 결심을 한 것이다. 따지고 보면 철없고 어리석은 다짐이었다. 종로에서 뺨 맞고 한강에 가서 눈 흘긴다는 속담처럼 나를 괴롭힌 그 사람에 대한 분노를 그와 같은 직종에 종사하는 모든 사람에게 일반화해서 적개심을 가졌으니 그게 바로 철없는 생각이다.

의사들은 의과대학을 졸업할 때 히포크라테스 선서라는 것을 한다. 환자를 가리지 않겠다는 선서가 들어 있다. 그럼에도 내 분노는 철없이 그 직종에 종사하는 모든 사람에게 집중했으니 잘못되어도 한참 잘못된 일이다. 그러나 그때는 그것이 잘못인지 알지 못했다.

어린 중학생의 호소를 계기로 나는 이런 철없는 분노의 결심을 버렸다. 그런 마음을 먹었던 나 스스로를 내가 용서했다. 그 교도관을 살리는 수술을 계기로 내가 철없이 맹세했던 속마음을 버리면서 내가 나 자신을 용서한 것이다. 그 이후부터 나는 환자를 가려 본 적이 없고 혹시 환자가 잘못이 있다고 하더라도 그 잘못을 보고 내가 분노했다면 환자를 탓하기 전에 그로 인해 분노를 일으킨 나 자신을 먼저 용서하는 연습을 많이 했다. 그 덕분에 분노의 원천을 먼저 나에게서부터 찾으려는 습관이 생기기 시작했다. 이런 사정을 꿰뚫어 본 듯이 선배님 한 분이 내 호를 무하无何라고 지어 주셨다. 내가 의사이기 때문에 환자를 차별하지 말라는 뜻이란다. 전쟁 중에도 아군이든 적군이든 부상한 환자가 있으면 가리지 않는 것이 히포크라테스 정신이다. 이 정신에 따라 내가 마음에 항상 간직하고 즐겨 쓰는 호가 바로 무하无何이다.

용서는 남이 나에게 지은 죄나 나에게 저지른 잘못에 대하여 꾸짖거나 벌을 주지 않고 너그럽게 보아주는 것이다. 맞는 말이긴 하지만 내가 분노나 적개심을 가지고 원수를 갚겠다는 생각으로부터 자유로워야 진정한 용서라는 말을 쓸 수 있을 것 같다. 그래서 내가 생각한 용서는 이렇다. 나에게 고통을 준 상대방에 대한 분노나 적개심을 품은 나 스스로를 내가 먼저 용서하는 것이 진정한 용서가 아닐까. 내 경험을 통해 그렇게 생각해 보았다. 용서는 내가 나를 용서하는 것으로부터 먼저 시작된다. 그래서 오늘도 마음속에 있는 분노와 적개심을 바람에 흐트러지는 민들레 꽃씨처럼 멀리 날려 보내 본다. 용서란 궁극적으로 나를 평화롭고 담담하게 만들어 주는 명약인 것이다.

4장

알지만,
알지 못하는 것들

나를 성장시키는 생각

아픔은 고통스럽지만
나를 성장시킨다

사람들에게 "살아가면서 제일 중요한 것이 무엇일까요?"라고 묻는다면 어떤 대답이 나올까? 대부분의 사람들이 모르긴 해도 건강이나 돈을 꼽지 않을까 싶다. 추상적으로는 행복을 많이 이야기할 것 같은데 이 행복이라는 것도 따지고 보면 건강이나 돈이 담보되지 않고는 이루기 어렵다. 건강이 중요하다고 말하면서도 사람들은 건강 유지에 소홀한 것 같다. 건강에 관심이 많다고 하면서 텔레비전에서 어떤 음식이 몸에 좋다고 하면 그날로 그 음식은 품귀 현상을 일으킬 뿐만 아니라 값도 뛴다. 이런 것은 건강에 대한 올바른 관심이 아니다.

반대로 건강에 해롭다고 알려진 음식이나 행동 같은 것을 습관처럼 하거나 중독에 이르는 사람도 있다. 이는 건강을 해

삶 만큼 살았다는 보통의 착각

치는 일로 삼가야 한다. 이렇게 보면 건강이 중요하다고 인식하고 말하는 사람들조차 건강 유지를 위한 올바른 행동은 하지 못한다는 인상이다. 그러나 한 번 작건 크건 병에 걸려 병원 신세를 져 본 사람은 건강에 대한 중요성을 실감하게 된다. 이는 건강을 잃고 나서야 건강의 중요성을 깨닫는 경우가 많다는 뜻이다. 간혹 매체를 통하여 건강의 중요성을 강조하던 출연자들이나, 자신은 건강에는 자신이 있다고 하던 사람들이 졸지에 사망했다는 보도를 들으면 의아해진다. 내 생각에는 이들도 경험이 없이 머리로만 건강의 중요성을 강조했던 것이 아닐까 싶다. 중요한 건 아픔을 겪고 난 사람과 아픔을 경험해 보지 못한 사람의 차이일 것이다.

나는 일생 동안 마음이 아픈 사람들을 치료했다. 내가 환자를 볼 때는 항상 침대에 누워 있는 얼굴을 서서 내려다보곤 했다. 그리고 건강에 유의할 것을 항상 일러 주었다. 그런데 내가 다른 병으로 입원하여 침대에 누워 있을 때 회진 오신 주치의나 간호사들의 얼굴을 보면 천사 같다. 그리고 그들이 가볍게 던지는 한마디, 한마디라도 나에게는 아주 무겁게 들려올 때가 많다. 이는 환자로서 내가 예민해진 탓도 있겠지만 치료진에 의존하는 마음이 커서 그랬을 것이다. 나는 이런 경험을 한 이후에는 회진할 때 누워 있는 환자의 얼굴을 보고 가벼운 이야기라도 신경을 쓰면서 하는 버릇이 생겼다. 왜냐하면 내 경험으로 보아 치료자의 말 한마디는 환자에게 희망을 주기도 하고 절망감을 주기도 하기 때문에 소홀히 해서는 안 되기 때문이다.

배가 고파 보지 않은 사람은 빵을 말하지 말라고 했다. 해방 직후 우리나라에는 쌀이 모자라 끼니를 거르는 사람들이 있었는데 당시 미군정 장관이었던 하지 중장이 했다는 말은 지금까지도 회자된다. "한국 사람들은 참 이상하다. 쌀이 없으면 고기를 먹으면 될 텐데…." 이것은 배가 고파 보지 않은 하지 중장의 말이니 배가 고파 보지 않은 사람은 빵을 말할 자격이 없다는 말이 맞는 것 같다.

내 친구 두 사람이 생각난다. 건강과 관계되어 생각나는 친구인데 한 친구는 머리도 좋아 공부도 잘하고 창의적인 친구였다. 그러나 몸이 약해 젊은 나이에 저세상으로 갔다. 다른 한 친구는 공부는 보통이었으나 매우 건강한 친구다. 그는 나중에 교수가 되어 많은 업적을 내고 정년 퇴임 후 지금도 건강한 생활을 하고 있다. 건강이라고 하면 이 두 친구가 먼저 떠오른다. 건강을 잃으면 아무리 머리가 좋다고 하더라도 업적을 낼 수가 없다. 나는 일평생 환자들을 돌보면서도 건강의 중요성을 머리로만 알았지 경험해 보지 못했을 때가 많다. 그러니 배고파 보지 않은 사람이 빵을 이야기하듯 환자를 대했다. 이를 고백하는 것은 머리와 말로 아무리 좋은 뜻을 전한다고 하더라도 경험자에게는 미치지 못한다는 말을 하고 싶어서다.

의사라는 것은 건강하지 못한 모든 질병을 가진 환자들을 돌보는 직업이다. 의과대학 교육을 마치고 국가고시에 합격해야 의사가 된다. 의사가 된 후에도 5년간 전문의 수련을 받아야 전문의가 되어 자기 분야의 환자를 돌볼 수 있게 된다. 어느 직업이나 마찬가지겠지만 처음 시작하는 단계에서는 서툴다. 이 서툰 것이 출발점이 되어 경험을 쌓고 경험이 많이 쌓여 노련한 전문가가 되는 것이다.

『동의보감』에 실려 있는 의사의 등급이 재미있다. 의사를 3등급으로 나누어 가장 훌륭한 의사를 상의上醫라고 한다. 상의는 사람들이 병이 나지 않게끔 예방해 줄 수 있는 의사를 말한다. 다음으로는 중의中醫라고 했는데, 환자의 병의 원인을 찾아 치료할 수 있는 능력을 가진 의사를 말한다. 마지막으로 하의下醫는 의사의 3등급 중 가장 낮은 수준의 의사로서 환자의 증상을 중심으로 치료하는 의사를 말한다. 열이 나면 열을 내리게 하고 설사를 하면 설사를 멎게 만드는, 말하자면 증상을 원인과 관계없이 다스리는 수준의 의사다. 이런 등급도 따지고 보면 의학적인 지식도 지식이려니와 연륜에 따른 경험이 결정 짓는 것 같다.

내가 치료하던 환자 한 분이 분류한 의사의 등급이 있다. 특히 조현병 환자의 증상 중 하나로 신어조작증新語造作症,

Neologism이라는 것이 있는데, 자기 혼자만 아는 새로운 단어를 의미를 붙여 만들어 낸다. 그 환자분이 만들어 낸 말 가운데 의사를 분류한 신어가 있다. 하나는 돈만 아는 의사이고, 다른 하나는 인간적인 의사다. 이 두 의사를 그는 새로운 말과 글로 만들어 나에게 이야기를 했는데 돈만 아는 의사는 ㄷ 자 안에 돈을 표시하는 금金 자를 넣고 인간적인 의사는 ㄷ 자 안에 영어로 H 자를 넣어 새로운 글자를 만들었다. 어쨌든 환자 입장에서는 상의上醫를 만나는 것이 좋을 것이고, 이 환자의 분류에 따르면 ㄷ 자 안에 H 자가 들어간 의사를 만날 수 있다면 행운일 것이다. 여기에서 H는 인간적이란 뜻의 영어 Humanistic의 머리글자이다.

건강이 중요하다는 사실을 모르는 사람이 누가 있겠는가. 하지만 많은 사람들이 건강 유지에 올바른 신경을 쓰지는 않는 것 같다. 의사 중에 의사인 상의上醫가 병이 나지 않도록 예방하는 수준의 의사라면 우리도 자신의 건강을 잘 유지하여 병이 나지 않도록 예방하는 상의上醫처럼 될 수 있다면 가장 현명한 사람이 아닐까.

삶 만큼 살았다는 보통의 착각

고통은 내면을
단련시키는 수단이다

고진감래^{苦盡甘來}, 쓴 것이 다하면 단 것이 온다는 뜻이다. 즉 고생 끝에 즐거움이 온다는 것이다. 고생이 다하면 즐거움이 온다지만 그 즐거움이 언제 오는가는 사람에 따라 격차가 있을 테니 이를 믿고 기다리는 사람도 있겠지만 그 고통을 이기지 못해 극단적인 선택을 하는 사람들도 없지 않다. 사람이 사는 것 자체가 고통이라고 말씀하신 부처님도 계시는데 그렇다면 삶이란 고통으로 일관되는 것일까? 아니다. 세상을 살다 보면 순간적이기는 하지만 일희일비^{一喜一悲}가 있다. 그렇긴 하지만 부처님이 말씀하셨듯이 인생살이가 곧 고통이라면 무엇으로부터 온 고통일까? 두말할 것 없이 나고, 늙고, 병들고, 죽는 일이고 보면 어느 것 하나 즐거운 것이 없다. 백번 맞는 말

쓱이긴 하지만 실제로 살아 보면 즐거움도 적지 않다. 물론 즐거움이 생로병사의 고통을 감싸 줄 수는 없다.

고통을 못 이겨 극단적인 선택을 하는 경우가 요즘 부쩍 늘어나는 것 같다. 그런 선택을 한 망자의 심정을 살아 있는 사람이 이러쿵저러쿵 짐작하여 말하기는 어려운 일이다. 2019년도 자살률 통계에 따르면 우리나라는 인구 10만 명당 24.6명으로 세계에서 첫째로 꼽힌다. 놀라운 통계다. 내가 의과대학에서 공부하던 시절에만 해도 우리나라의 자살률은 세계 여러 나라의 꽁지에 붙어 있었다. 내 기억으로는 그때 북유럽의 스웨덴을 비롯한 복지 국가들이 세계에서 자살률이 제일 높았는데 지금 통계를 보니 당시 제일 높았던 스웨덴은 세계 17위로 인구 10만 명당 11.4명이란다. 그동안 우리 사회가 너무 각박해진 것이 아닌가 생각해 보아야 한다.

고통은 쓰지만 그것을 감내하고 이긴 사람은 언젠가는 강해지고 고통으로부터 벗어날 것이다. 나는 고진감래라는 옛날 성어를 믿는다. 머리로도 믿지만 내 체험상으로 되돌아보아도 이 말은 틀림이 없다. 고통이 지나쳐 극단적인 선택을 하는 사람들도 우리가 그 마음을 헤아려 도울 수 있다면 그들도 고진감래할 것이다.

내가 겪은 체험 하나를 소개해 본다. 우리 집안은 중상층 정도로 살았는데 6.25 사변이 일어나자 졸지에 몰락해 버렸다. 경제적인 몰락이 왜 생겼는지 알 길이 없으나 어쨌든 바닥을 헤매는 수준으로 몰락했고 엎친 데 겹친 격으로 아버님도 세상을 떠나고 나는 대학을 졸업할 때까지 아르바이트로 나날을 보냈다. 공부는커녕 학교에 다니는 것조차 고통스러웠고 힘든 시기였다. 의과대학을 졸업하고 형편이 펴야 할 텐데 4.19와 5.16을 겪으면서 사회는 여전히 불안정했다. 참을 수 없는 고통으로 인한 분노 때문에 엉뚱한 곳에 화풀이를 하느라 고생한 적이 많다. 몸도 마음도 괴로우니 무엇 하나 제대로 되는 일이 없다.

하늘이 무너져도 솟아날 구멍이 있다고 했는데 나는 내 마음의 고통을 겪으면서 하늘의 구멍은 찾지 않고 분노와 고통을 탓하는 데 급급했다. 많은 사람들처럼 내 고통을 이기지 못해 극단적인 행동을 하려는 생각은 해 보지 않았지만 그렇다고 솟아날 구멍을 악착같이 찾지도 않았다. 다만 현재의 내 고통이 있게 만든 이유들을 외부에서 찾으면서 그 분노를 분출하기에 바빴으니 그 고통이 이만저만이 아니었다. 그 와중에도 나는 결혼을 하고 사남매를 낳고 키웠으니 나는 나의 고통이지만 아내나 자녀들의 고통도 심했을 것이다. 나는 오래도록 나에게 주어진 이 고통이 사회적인 부조리 때문이라고 생각했다. 그런 생각에 몰입하다 보니 나에게 스쳐 지나가는 솟아날 구멍조차 인지하지를 못했다.

1970년 내가 군대를 제대하고 연세대학교 의과대학에 전임 강사로 정착하면서 일부분 안정을 찾을 수가 있었다. 생각하면 1950년에 시작된 나의 고통은 1970년에야 그쳤으니 꼭 20년 만이다. 내가 1970년 이후 교직 생활을 하면서도 크고 작은 고통이 없지는 않았으나 지난 20년 동안의 고통에 비길 바는 아니었다. 나는 연세대학교에 취직하면서 고진감래라는 말의 뜻을 실감했다. 일생에서 처음으로 고생이 다하면 즐거움이 온다는 것을 느꼈다. 나는 20년 세월 동안 그 고생을 감당한 것이다. 그 고생이 다하여 교직 생활을 했으니 비록 교직 생활에서도 고통이 없었겠냐마는 내 마음속에는 지난 20년간의 고통이 더 크게 각인되어 있었으니 신기한 일이다.

우리가 일상적인 고통을 참지 못하는 이유는 미래가 불확실하고 지금 당장 그 고통을 감내하기는 더욱 고통스러워서일 것이다. 생각하면 젊은 날의 고생은 사서도 한다지 않는가. 왜 고통을 사서 하는 것이 미래를 보장하는 것일까? 나는 젊어서는 그 뜻을 알지 못했다. 20년 동안의 고통을 감수하고 안정을 찾으면서 깨달은 것이 하나 있다. 대장간에서 망치로 담금질하는 쇠붙이를 생각했다. 쇠는 불에 달구어 망치로 두들기면 두들길수록 단단한 쇠붙이가 된다. 20년 동안의 내 고통은 그런 담금질이라고 생각했다. 지금 생각하면 그런 고통을 다시 겪고 싶지는 않지만 새로 그런 고통이 닥친다고 하더라도 인내하고 이겨 낼 막연한 자신감은 있다.

사람은 고통을 통하지 않고는 즐거움을 얻을 수 없다는 논리도 성립될 것 같다. 내 생각에는 고통 없이 자란 인생은 온실의 화초와 같고 담금질을 많이 당한 삶은 잡초와 같다. 그래서 고통을 이겨 내는 면역력이 강할 것이다. 지나고 보면 내가 그 고통을 인내하고 이겨 낼 수 있었다는 데서 오는 그 즐거움이 지난날의 고통을 덮고도 남을 것이다.

주변 환경이 아무리 고통스럽게 나를 몰아세운다고 하더라도 내가 나를 고통스럽게 만들지는 말자. 언젠가는 끝날 이 고통을 인내하고 감내할 수 있는 솟아날 구멍을 찾아보자. 이런 고통들은 비유하자면 코로나 바이러스의 백신을 맞는 것과 같다. 고통을 즐거움으로 바꾸자면 그만한 삶의 대가를 치러야 한다. 생각을 바꾸면 이 고통조차 감사해야 할 일이다.

어떤 고통이든지 간에 그것이 실제로 당신을 죽이지 못한다면 항상 당신을 강하게 만들어 줄 것이다.

인생에서 정말 사랑하는 것이 있다면
언젠가는 꼭 이루어진다

사람들은 그것이 크든 작든 살아가면서 이루고 싶은 소망을 가지고 있다. 소망의 정도에 차이가 있을 뿐 바라는 바가 없는 사람은 아무도 없을 것이다. 소망한다고 다 이루어질 수 있다면 아라비안나이트 같은 이야기가 될 텐데 그렇지 못한 부분이 더 많다. 소망을 가졌다고 해도 이루어지지 않는 것이 있고 지레짐작으로 이루어지지 못할 것 같아 포기하는 경우도 많다. 이 소망에 대해서 이야기하고 싶은 결론부터 말씀드리고 내 체험을 증거로 삼아 보겠다.

"당신이 인생에서 정말 사랑하는 것을 할 때에는 절대로 안 된다는 대답을 받아들여서는 안 됩니다."

내가 네팔의 히말라야에 관심을 갖기 시작한 것은 1953년

삶 만큼 살았다는 보통의 착각

의 일이다. 1953년은 1950년에 시작된 북한 괴뢰군(당시에는 그렇게 불렸다)의 남침으로 시작된 6.25 전쟁이 막바지에 접어들어 치열한 전투가 벌어지던 때였다. 그 당시 전황을 보면 낙동강까지 밀렸던 우리 군이 유엔군의 인천 상륙작전으로 북진하여 38선 근처에서 치열한 공방을 벌이고 있었다. 학교에서는 공부가 제대로 될 수가 없고 사회적으로는 내일이 어떻게 될지 풍전등화 같은 상황이었다. 그런데 하루는 교장 선생님이 전교생을 교정에 모아 놓고 훈시를 하셨다. 침체된 분위기를 반전시켜 보려는 의도에서 우리에게 용기를 갖고 인내할 것을 훈시하신 것이다. 교장 선생님의 훈시는 1953년 5월 29일 존 헌트 경 Sir John Hunt (1910~1998)이 이끈 영국 등반대의 첫 에베레스트 등정에 관한 이야기였다. 그가 이끄는 등반 대원들 중 뉴질랜드 출신의 등반가인 에드먼드 힐러리 경 Sir Edmund Hillary (1919~2008)이 세계 최초로 에베레스트의 정상을 밟았다는 내용이다. 이게 전쟁과 무슨 상관이 있는 이야기도 아닌데 나에게는 이상하게 가슴에 와 닿았다. 그가 누구인지는 모르겠으나 나도 어른이 되면 등반가가 되어 그를 한번 만나 보고 싶다는 생각이 들었다. 그럼 일단 등산부터 해야 하지 않겠나. 그런 생각이 들자 전쟁이 진행 중인데도 나는 산을 찾았다. 당시에 패잔병들이 산속에서 게릴라전을 하고 있었기 때문에 매우 위험한 산행이었지만 안전한 산 중턱까지만 자주 올랐다.

대학교에 들어가서 1956년 마음 맞는 친구들과 어울려 경북 학생산악연맹이란 것을 결성하고 회장님으로 지도 교수였던 한솔 이효상 교수님을 모시고 조직적인 등반 공부를 했다.

처음 연맹을 만들면서 소망 하나를 가졌는데 창립 10주년 이 되면 이를 기념하기 위해 히말라야를 등정해 보기로 결의 했다. 그래서 열심히 등산도 하고 히말라야에 관한 정보도 수 집하고 외국의 산악 잡지를 구독하기도 했다. 이 히말라야 10 주년 기념 원정을 위해 매회 조직적인 훈련을 하고 경비를 마 련하기 위해 여러 노력 끝에 당시 돈으로 2만 달러를 확보했 다. 이처럼 희망찬 소망에 한 발자국 한 발자국 다가서는 기쁨 에 젖어 더 열심히 산행을 했다.

그러던 중 1963년 5월 22일 미국의 노먼 다이렌퍼스 Norman Dyhrenfurth (1918~2017)가 이끄는 에베레스트 원정대가 두 사람의 등반가를 정상에 올렸다. 정상을 밟은 미국 등반가는 배리 비숍Barry Bishop (1932~1994)과 저스태드Luther Jerstad 였다. 이 런 쾌거를 전 세계적으로 과시하기 위해 등반대 전원이 그때 사용했던 장비와 기록물을 들고 여러 나라를 순방하면서 우리 나라에도 찾아왔다. 장비 전시회도 열고 강연회도 열고 슬라 이드 쇼도 했는데 우리 팀도 초청을 받아 정보를 많이 얻었다.

당시 국회의장이던 한솔 이효상 회장이 우리를 위해서 국 회의장 본관으로 그 미국 원정팀을 초청하여 오찬을 함께하면서 경험담을 들었다. 회장님은 다이렌퍼스에게 원정대가 에베레스트를 가기 위해 사용한 경비의 총액이 얼마인가를 물었다. 그는 "장비, 식량, 운송비 등 기초적인 경비를 제외하고 카트만두에서 에베레스트 베이스캠프까지 짐을 나르는 운행비만 20만 달러가 들었다"고 했다. 우리가 지금 확보하고 있는 2만 달러의 열 배다. 우리 2만 달러는 장비, 식량, 수송비 등 기초적인 모든 경비까지 포함하는 것으로 생각하고 있었는데 말이다.

이 말을 듣고 회장님은 우리의 간절한 소망인 10주년 창립 기념 히말라야 등반을 취소해 버렸다. 경비도 경비지만 슬라이드 쇼에 원정 대원 한 명이 빙하에 깔려 사망한 기록까지 보았으니 2만 달러를 가지고 히말라야에 갔다가는 살아남기 어렵다고 판단하신 것이다. 우리는 그때 엄청 실망했다. 얕은 생각으로 회장님을 원망하기도 했다. 그러나 회장님의 결심이 워낙 단호해서 그 소망을 접지 않을 수가 없었다.

그러는 사이 나는 수련의를 마치고 군에 복무하면서 히말라야의 꿈은 물거품처럼 사라졌지만 산에 대한 애정은 버릴 수가 없어 가족과 함께 국내 산을 두루 등반하는 것으로 마음을 달랬다. 군 복무를 마치고 이화여대에서 교수 생활을 하는 동안 히말라야는 나와 인연이 없는 것으로 치부하여 아쉽지만 끈은 놓지 않은 채 담담히 지냈다. 그러던 와중에 1982년 한국 마칼루 학술 원정대에 참여할 의사가 있는지 한국산악회에서 연락이 왔다. 이게 무슨 소리인가, 나와는 평생에 인연이 없을 것 같아 마음을 내려놓고 있었는데 이런 기회가 오다니, 잠재우고 있던 소망이 다시 학창 시절로 돌아갔다. 당시 한국산악회의 마칼루 학술 원정대는 대원을 선발하여 3년 이상 체계적인 훈련을 마치고 떠나려고 할 때였는데 나에게 이런 청이 오다니…. 나는 망설임 없이 간다고 허락을 했다. 나에게 온 이 뜻밖의 행운은 아주 우연한 일 때문이다. 당시 한국산악회는 문교부에 등록된 사단법인이었는데 등반 계획을 받아 본 문교부에서는 히말라야 원정을 불허했다. 그 이유는 산에 오르는 것은 학술 행위가 아니라는 것이다. 이 조건을 충족시키기 위해 등반 경험도 있고 학술 논문도 쓸 수 있는 등반가가 누구인가를 탐색하다가 나와 지질학자인 성익환 박사가 지명된 것이다.

　이런 인연으로 내가 네팔의 히말라야를 밟았으니 꼭 33년 만이다. 내가 "간절히, 간절히 소망하면 언젠가는 이루어진다"는 말을 입버릇처럼 했는데 이렇게 이루어 진 것이다. 이 말을 하면서도 "언젠가는"이라며 시간을 한정하지 않았던 것은 소망은 곧 이루어질 수도 있고 먼 훗날에 이루어질 수도 있다는 것을 염두에 두었기 때문이다. 이 체험을 두고 보면 소망에 관하여 내가 했던 말이 허언이 아니다. 그때 원정을 가서 나는

힐러리 경을 만나기 위해 그가 거주하고 있던 쿰부 지역의 굼
중으로 찾아갔고 결국 그를 만나게 되었으니 교장 선생님의
훈시를 들은 지 꼭 33년 만이다.

　나는 이 일을 독자 분들께 여러분이 소망하는 것이 있다면
언젠가는 꼭 이루어진다는 확신을 드리는 증거로 삼아 말씀드
리고 싶다. 첫째는 소망이 있어야 한다. 이루고자 하는 이 소
망은 그냥 소망이 아니라 간절하고 간절한 소망이어야 한다.
둘째는 이 소망을 실천하기 위해 동기화해야 한다. 생각으로
소망만 갖고 있고 움직이지 않는다면 그것은 소망이 아니라
공상일 수밖에 없다. 셋째, 동기화된 소망을 실천으로 옮겨 한
발 내디뎌야 한다. 천리 길도 첫걸음부터 시작되는 것 아닌가.
넷째, 이 실천이 꾸준해야 된다. 조금 하다가 싫증 난다고 그
만둔다면 도로 아미타불이다. 지속적으로 꾸준하고 끈기 있게
뚜벅뚜벅 걸어가야 한다. 다섯째, 이런 준비를 하면서 때를 기
다려야 한다. 그때가 언제 올지 모르긴 하지만 내 경험으로는
언젠가는 꼭 올 것이라는 확신을 갖고 있다. 소망을 그저 소망
으로 끝낸다면 그것은 공상과 다름이 없다. 소망이 언제 이루
어질지는 모르지만 그것은 준비를 필요로 한다. 소망을 이루
기 위해 어떻게 실천을 해 나가고 있는가? 이것이 당신의 소
중한 자산이 될 것이다.

특별한 날을 위하여

인생을 살다 보면 특별히 기억하고 챙겨야 할 기념일들이 많다. 옛날 유교가 우리나라의 중심적인 가치였을 때는 조상을 챙기는 일이 가볍지 않았다. 한 가문의 종갓집은 일 년 내내 조상들의 제사를 지내면서 바쁘게 세월을 보냈다.

'가난한 집 제사 돌아오듯 한다'는 속담이 있을 만큼 먹고 살기 어려워도 제삿날은 꼬박꼬박 챙길 정도로 조상에 대한 배려는 각별했다. 지금은 세월이 변하여 조상보다 지금 함께 살고 있는 가족들의 여러 기념일을 챙기느라 바쁘다. 생일도 챙겨야 하고 결혼기념일도 챙겨야 하고 때에 따라서는 부부가 처음 만났던 날을 기념하기도 하고 혹은 달리 그 가족만의 의미를 부여하여 기념일로 삼고 축하를 나누는 일이 많아졌다.

삶 만큼 살았다는 버릇이 처각

이런 기념일 행사 모습을 보면 대부분 외형적이다. 당사자들만의 기념일이 아니고 주변과 함께 즐기고자 하는 마음이 있으니 사람에 따라서는 남들에게 자신의 세를 과시하려는 경향도 없지는 않다.

오래된 이야기이지만 친구의 자녀나 내 손자 손녀의 돌잔치를 호텔을 빌려 거창하게 하는 경우가 더러 있었는데 그때가 보고 내 느낌은 좀 불편한 구석이 있었다. 돌잔치의 주인공은 당연히 돌맞이를 한 아기일 텐데 주인공은 예쁜 옷을 차려 입혀 놓고 즐기는 것은 하객들이다. 정작 돌잔치의 주인공은 그 지루한 시간을 몸에 익숙하지 않은 화려한 옷을 걸치고 앉아 있으려니 여간 불편하지 않을 것이다. 어떤 아기들은 울기도 하고 옷을 벗으려고 떼를 쓰기도 한다. 돌맞이를 하는 아기가 주인공이 아니라 하객들이 돌잔치를 핑계 삼아 자기들끼리 세를 과시하고 즐기는 것이 아닌가 하는 불편감이 있었다.

한때 이런 축하 잔치 모임이 너무 호화롭다고 해서 법으로 생활간소화법이라는 것을 만들어 그 규모를 제한하기도 하고 가족 중심으로 간소하게 치를 것을 권장한 적이 있다. 이렇게 법도 있었고 사회운동으로 권장하기도 했지만 그런 관습은 변화시키기가 참 어렵다. 나도 이런 생각을 갖고 있지만 고백하건대 내로남불이다. 나도 형편이 허락했다면 아마도 그런 기념행사를 마다하지 않았을 것이다. 이런 행사가 딱히 나쁘다고 생각할 필요는 없다. 다만 자신의 분수를 넘어 자기 과시적인 목적이 있다면 그런 점은 우리가 삼가야 될 일이라는 생각에서 적어 본 것이다.

드러내 놓고 다른 사람들에게 과시해 보고 싶은 일이 어디 이런 기념행사뿐이겠는가. 은밀한 부부 생활이나 가정생활을 자랑하고 싶은 부분도 있을 것이다. 요즘 영상매체를 보면 연예인이나 유명인들이 나와서 자기 사생활을 공개하면서 자랑하는 사람들도 많다. 격세감이 든다. 영상에 보면 자기 집에 초대하여 집 안 구석구석 생활공간을 자랑하는 것은 물론 부부간에 애정 표현을 자유롭게 하면서 우리에게 보여 주는 장면이 많다. 전부는 아니겠지만 때때로 연출된 이야기도 있겠으나 옛날처럼 부부간이나 가족생활을 은밀하게 숨겨 두기보다는 돌잔치 하듯 널리 알리고 과시해 보는 경향으로 바뀌어가는 것 같다. 영상을 보다 보면 일반인들의 일상생활과는 다른 모습이나 행동들이 보이긴 하지만 보는 사람에 따라서는 나도 저런 집에서 살았으면 아니면 우리 부부도 저런 부부처럼 살았으면 하면서 부러워하는 시청자들도 많이 있을 것이다. 또는 자기와는 아주 먼 다른 세계에 사는 사람처럼 느끼는 분들도 계실 것이다.

옛날에는 우리가 사는 집의 구조가 지금과는 달랐다. 지금은 우리가 살고 있는 단독 주택이건 아파트건 간에 방문을 닫으면 그 안의 생활은 비밀이 보장될 만큼 철저히 차단되어 있다. 그러니 개인이면 개인, 부부면 부부의 은밀한 사생활을 보장받으면서 생활하는 것이 일반화되어 있다. 그리고 사회적으로도 이런 사생활의 비밀을 보장하기 위한 많은 법적 장치가 있다.

여기서 침실에 관한 이야기를 하고 싶다. 옛날 한옥은 방음이 잘되어 있지 않기 때문에 이 방에서 하는 말을 저 방에서 들을 수도 있고 저 방에서 하는 행동을 이 방에서 짐작할 수도 있는 그런 구조다. 집의 크기가 작기도 하지만 이런 개인적인 은밀한 언행들을 감추고 살아가기 어려웠던 주택 구조다. 한번은 내 친지 한 분이 낭패가 난 듯이 나를 찾아와 상담을 청한 일이 있다. 부부 생활을 하는데 옆방에서 자고 있는 자녀들이 예민하게 반응을 해서 어떻게 하면 좋겠느냐는 것이다. 그때 내가 어떤 조언을 해 주었는지 기억은 나지 않으나 나도 같은 형편의 부부 생활을 하고 있었기 때문에 아마도 내 고충을 이야기하면서 동감했을 것 같다.

이젠 우리의 주택 구조도 많이 달라졌고 방음도 되니 침실을 이렇게 꾸며 보라고 뒤늦은 권고를 해 본다. "촛불을 켜십시오. 좋은 침대 시트를 쓰십시오. 근사한 속옷을 입으십시오. 그런 것들을 특별한 날을 위해 아껴 두지 마십시오. 오늘이 바로 가장 특별한 날입니다." 때늦은 권고다. 나나 내 친구들은 모두 노인이 되었으니 신혼 때나 자녀가 어렸을 때처럼 부부 관계를 가지며 살지는 못하겠지만 침실이라는 것이 꼭 부부의 성생활을 위한 공간만은 아니지 않은가. 이런 공간을 드러내 놓고 돌잔치 하듯이 과시할 필요도 없는 것이고 두 사람만의 공간으로 다양하게 활용할 수 있다면 충분하지 않겠는가. 옛날 사고방식에 파묻혀 그냥 잠만 자는 공간으로 아무렇게나 생각한다면 애석한 일이다. 자녀들도 키울 때 보면 값진 장난감보다 집 안의 어떤 한구석을 자기 영역으로 설정해 놓고 그 속에서 노는 것을 즐거워한다. 그처럼 노부부가 되어도 노부부만의 공간을 잘 치장하고 즐거운 휴식 공간으로 꾸미고 살수 있다면 그 또한 자랑해도 될 공간이 아닐까 싶다. 나도 그렇게는 하고 있지 못하다. 하지만 아직 늦지는 않았으니 나도 노력을 해 보려고 한다.

화가 나면
누구를 탓해야 하는가

내 친구한테서 메일이 왔다. "신에게 화를 내도 괜찮습니다. 신은 그것을 받아 줄 수 있습니다." 나는 이걸 보고 엉뚱한 생각을 해 보았다. 신은 무슨 죄가 있어서 모든 사람이 화가 나면 자신에게 화를 풀라고 했으니 참 고달프겠다. 그런 생각을 하면서 문득 철학자 니체Friedrich Wilhelm Nietzsche(1844~1900)의 "신은 죽었다God is dead"는 말이 떠올랐다. 니체 자신이 기독교도일 텐데 그가 믿는 유일신이 죽었다니, 내 친구 말대로 니체도 화가 나서 그 화풀이하는 말로 그렇게 하나님에게 말했을까?

니체의 말대로라면 신은 죽었는데 그 화풀이를 누가 용서해 준단 말인가? 이런 짓궂은 궁금증이 나를 사로잡은 것은 내가 기실 종교인이 아니기 때문일 것이다. 나는 종교가 없다.

그러나 어떤 종교도 편견을 갖지 않고 존중한다. 내가 종교를 갖고 있지 않으니 나보고 무신론자냐고 묻는 분들도 있다. 당치 않은 말이다. 신이 있는지 없는지 확신이 서지 않는 나에게 무신론자라니 얼토당토않은 일이다. 내가 단지 몰라서 종교의 틀 속으로 들어가지 못했을 뿐 신이 있다는 확신도 없고 더욱이 신이 없다는 확신도 없다.

종교에 관한 한 단지 내가 무지할 뿐이다. 기왕 내가 무지한 사람이니 엉뚱한 상상들을 더 늘어놓아 보자. 만일 신이 있다면 그분 참 짓궂은 성격을 가지셨나 보다. 신이 우주 만물을 창조하면서 인간도 창조하셨다는데 기왕 창조하시려면 선한 사람들만 창조해서 사이좋게 살도록 해 주셨으면 얼마나 좋을까. 그런데 왜 짓궂게도 좋은 사람도 만들고 나쁜 사람도 만들었을까? 연상을 더 해 보면 좋은 사람과 나쁜 사람을 분별하여 만들어 놓고 서로 아웅다웅 싸우는 모습을 보고 즐기기 위해서 그랬을까? 가장 잔인한 싸움은 사람이 사람을 죽이는 전쟁이다. 같은 유일신을 믿는 국가끼리 싸울 때도 있는데 그들은 싸움에 나가면서 자기 나라가 승리하게 해 달라고 하나님에게 기도를 드린다. 똑같이 기도를 드리는데 하나님은 왜 한쪽 손만 들어 줄까? 종교인이 들으신다면 내가 말도 되지 않는 궁금증을 가졌다고 생각하기에 딱 알맞다.

짓궂은 생각 또 하나는 왜 사람들이 믿는 종교가 여럿일까 하는 것이다. 신이 유일신인 자신을 믿는 종교만 만들 것이지 왜 다른 종교도 만들어 종교인들 사이에 갈등과 반목을 있도록 하셨을까? 각 종교에서 가르침의 바탕으로 삼는 경전을 보면 이 종교나 저 종교나 좋고 지혜로운 말씀으로 가득 차 있다. 그렇게 공통점이 있는데도 여러 종교를 만들어 서로 다투게 해 놓았으니 이 또한 하나님의 짓궂음이다.

나는 히말라야가 인연이 되어 네팔을 30년 넘게 매년 방문하고 있다. 네팔은 힌두교를 믿는 국가이기 때문에 유일신이 아니고 신들이 굉장히 많다. 얼마나 많을까? 네팔 학자들에게 물어보았다. 그들은 한결같이 아주 많다고 대답을 하지 신들의 숫자가 정작 얼마인지는 모른단다. 그래도 내가 계속 질문을 하면 이런 대답을 한다. "모르긴 해도 네팔의 인구수보다는 많을 겁니다." 이쯤 되면 네팔 학자들의 말처럼 그냥 많고 많다는 표현이 더 적절할 것 같다. 신기한 것은 이 많은 신이 살아가는 것이 사람들이 사는 속세의 삶과 크게 다르지 않다는 점이다. 신도 사람처럼 태어나고, 죽고, 결혼도 하고, 자식도 낳고, 서로 싸우기도 한다. 그런데 무엇이 달라서 신이라고 경배하면서 믿을까?

내가 교수직에서 정년 퇴임하기 이전에 이런 경험이 하나 있다. 어느 해인가 같은 학기에 불교 대학원과 신학 대학원에서 임상심리학이라는 같은 주제의 강의를 한 적이 있다. 주제가 같으니 동일한 교안을 가지고 가르쳤는데 불교 대학원에서 가르칠 때는 실제 사례를 성경에서 따와서 설명하고, 신학 대학원 학생을 가르칠 때는 불경에 나와 있는 사례들을 출처를 밝히지 않고 사례의 핵심만 들어 가르쳤다. 학기가 끝나 가고 종강 시간에 강의에 서로 다른 종교의 경전을 이용했다고 고백했다. 한 학기 공부하는 동안 학생들은 한 치의 의심도 없이 듣고 있었으니 경전의 가르침이 서로 크게 다르지 않다는 것을 실감했던 경험이다.

우주 만물을 창조한 신은 과연 있을까? 나 같은 속인의 좁은 소견으로는 그 광대한 우주 만물을 혼자서 어떻게 만드셨을까, 라는 궁금증에서 헤어날 수가 없다. 니체가 신은 죽었다고 말했다는데 나는 그 말만 알지 그 말이 나온 원전을 읽어 본 일이 없어서 그 의미가 무엇인지 알지 못한다. 나 혼자 생각으로는 니체가 살았던 19세기는 르네상스 이후 과학이 급속하게 발전한 시기다. 당시까지만 해도 유럽을 중심으로 인간 사회는 유일신만이 존재하는 신본주의를 삶의 가치로 삼고 살아왔으나 문예부흥을 맞으면서 인간이 중심인 인본주의로 전환하면서 그에 이어서 과학의 발전이 뒤따른 것이다. 그러니 천문학이 지향하는 목표가 있고 의학은 의학이 지향하는 최고의 목표가 있겠고 여타 여러 과학은 그 나름대로 최고로 탐구하려는 목표가 있었을 것이다. 다른 말로 하면 그 최고의 목표가 신이라는 개념과 같은 것이 아니었을까? 유일신의 분업 같은 단계 말이다. 그런 의미에서 신은 없다고 말하지 않고 죽었다고 말하지 않았을까 하는 생각이 든다. 이 생각은 오직 나의 좁은 소견일 뿐 다른 문헌이나 참고 서적에서 나온 것이 아니니 너무 심각하게 받아들이실 필요는 없다.

"신에게 화를 내도 괜찮습니다. 신은 그것을 받아 줄 수 있습니다." 한 번 더 생각해 본다. 화난 일이 있으면 화를 스스로 푸는 방편을 모색해야지 그 화와 전혀 상관없는 신에게 화풀이하지 말자. 아무리 용서를 받을지언정 화는 가라앉지 않을 것이다. 내가 낸 화는 그 원인을 더듬어 가지고 자신을 통찰하고 조절을 해야 될 일이다. 남을 탓하거나 더욱이 하나님에게 화풀이할 일은 아니다. 화는 내가 스스로 내기도 하지만 내가 스스로 풀어야 할 숙제이기도 하다.

궁금증과 의심증은 다르다

노인이 되면 특수한 사람들을 제외하고는 대부분 지병을 갖거나 치매 상태가 된다. 물론 치매는 노인에게 많이 오는 질병이긴 하지만 요즘은 젊은 사람도 많다. 어떤 지병의 합병증으로도 생기고 교통사고나 산업 재해로 머리를 다친 분들이 그 후유증으로 치매를 앓기도 한다. 치매癡呆, Dementia란 '사회생활이나 직업생활에 심한 장애를 초래할 정도로 지능의 저하가 후천적으로 일어난 기질성 뇌증후군'을 말한다. 옛날 우리나라에서 노인들이 이상한 행동을 하면 노망 들었다고 했던 적이 있는데 이런 현상도 지금의 진단으로 말하면 치매에 해당된다.

치매 환자라면 모두 비슷한 증상들을 갖고 있지만 그 가운데서 특히 기억장애나 폭력 행위 그리고 의심증이 심해진다. 우선 기억장애에 대해 설명하면 초기에는 최근 경험을 기억해 내지 못하다가 심해지면 가족도 알아보지 못하는 기억상실을 경험한다. 가족의 입장에서 보면 두 가지 생각이 교차하여 몹시 괴로울 것이다. 한편으로는 치매가 오기 전까지는 그렇게도 총명하던 기억력이 어디로 사라져 버리고 자신조차도 알아보지 못하니 안쓰럽기도 하고, 다른 한편으로는 분노도 생긴다. 왜 하필 이런 치매가 우리 부모에게 찾아왔을까 하는 그런 분노다.

두 번째로는 폭력 행위인데 평소에는 폭력과 거리가 멀었던 사람들도 어느 날 행동이 폭력적으로 변한다. 마지막 특징으로 가장 흔하게 오는 것이 사고의 변화인데 특히 의심증이 많아진다. 평소에 어디어디에 자리를 정하여 놓아두었던 물건이 제자리에 없으면 누가 와서 훔쳐 갔다고 의심을 한다.

내가 경험한 지인의 치매 현상을 예로 들어 본다. 내 선배 교수 한 분은 세계적으로 유명한 석학이다. 이분이 치매에 걸려서 모든 기억을 상실하고 심지어는 자기 이름을 쓰지도 못하고 기억도 못한다. 찾아오는 친지들을 보면 그냥 바보 같은 웃음만 지을 뿐 의사소통이 되지 않는다. 사모님이 선배 교수님의 이름을 노트에 적어 놓고 연습을 시켜 보지만 한 자도 제대로 베껴 쓰지 못한다. 세계적인 석학이 어쩌면 이렇게 기억상실이 심해 자기 이름 한 글자도 쓰지 못할까 너무 가슴이 아프다. 내가 평소에 따르던 존경하는 교수님이었기 때문에 안타까운 마음에 병문안을 가는데 그냥 바보 같은 웃음을 지을 뿐 다른 표정이 없다. 나를 알아보지 못하는 것은 물론이고 알아듣지도 못할 혼잣말만 중얼거리기도 한다.

다른 한 분은 내 의과대학 동창생의 아버님인데 이분은 치매가 걸려 매일 아침 출근 시간에 아파트 문 앞을 지키고 있다가 그 앞을 지나가는 남성들을 골라 주먹질을 하고 막말도 한다. 그분은 고등학교 체육 교사로 봉직하면서 학생들을 가르친 인기 있는 체육 교사였는데 치매가 걸리자 집 앞에서 지나가는 남성들을 노소 불문하고 주먹질을 하는 폭력성을 보였다. 아파트 주민들이 참다못해 민원도 제출하고 내 친구에게 항의하기도 했다. 그 친구는 어떻게 하면 좋을지 몰라 정신과 의사인 나를 자기 집으로 초청하여 자기 아버지를 진찰해 보란다.

나도 남자이니 나를 쳐다보는 친구 아버님의 눈길이 곱지 않다. 친구가 나를 소개하면서 학교 다닐 때 가장 친하게 지냈던 친구라고 소개를 했고 나도 학교 다닐 때 그 친구 집에 몇 번 가서 아버님을 뵌 적이 있었다. 그 때문인지는 몰라도 아버님의 곱지 않은 눈길이 좀 풀어진다. 나는 그 틈을 타서 친구의 아버님에게 물어보았다. "아버님, 왜 집 앞을 지나가는 남자들을 때리셨나요?" 그분의 설명은 요즘 성폭력범이 많아서 그랬단다. 성폭력범도 아닌데 왜 지나가는 사람마다 다 폭력을 행사하는지 여쭈어 보았더니 남자 놈들은 모두 이리떼 같아서 여자만 보면 겁탈을 하려고 해서 그랬다고 하신다. 자기 며느리인 내 친구의 와이프를 겁탈하려는 사람이 많기 때문에 며느리를 보호하기 위해 주먹질을 했다는 것이다. 사실이 그렇다면 주먹질을 할 만도 하지만 사실이 아닌 것을 사실로 믿은 피해망상이 바탕이 되어 그런 폭력적인 행동으로 나타난 것이다.

다른 지인 한 분은 역시 지식이 많고 사회적인 역할도 많이 하신 여성계의 중진이었다. 그분의 증상은 자기가 찾고 있는 물건이 제자리에 없으면 첫마디가 누가 훔쳐 갔다고 의심을 하는 것이다. 이분은 자기를 도와주는 도우미 한 분과 오래도록 함께 살았는데 물건이 없어질 때마다 이 도우미를 의심하여 닦달을 하니 그 도우미가 여간 괴롭지 않았을 것이다. 내가 그분을 병문안하기 위해 집을 찾았을 때 나를 알아보고 반기기는 했으나 주된 대화의 내용은 도우미가 자기 물건이나 돈을 훔쳐 간다고 나에게 일러바치는 것이었다. 도우미 말로는 그분이 누가 훔쳐 갔다는 물건들이나 돈도 단지 제자리를 벗어났을 뿐 잃어버린 것은 아니었다. 이분은 자기가 중요하다고 생각하는 물건이나 돈을 특별히 감춘다고 옮겨 둔 것을 잊어버리고 원래 있던 장소에 없으니 도둑맞았다고 주장한다. 이런 피해의식이 망상으로 발전하여 체계화되면 듣는 사람들도 진위를 가리기 어려울 정도로 합리화를 많이 한다.

초기에 이분을 방문했던 많은 제자는 도우미를 함께 의심했다. 그분의 설명이 너무 체계화되어 있고 듣는 사람으로 하여금 그럴듯하게 들리기 때문에 그렇게 믿은 것이다. 시간이 지나면서 똑같은 말을 되풀이하는 이분의 말을 들은 제자들도 치매 증상이란 것을 알게 되기까지는 상당한 시간이 걸렸다.

비슷한 예로 하버드대학교에서 한국학을 전공하신 교수님이 계셨는데 이분도 의심이 많아 돈을 백 불짜리로 바꾸어 서가에 꽂힌 많은 책 책갈피 속에 숨겨 두었다. 그러고는 숨겨 둔 사실을 잊어버리고는 누가 훔쳐 갔다고 주장하는 바람에 치매가 진행되고 있다는 것을 가족들이 늦게나마 발견하게 되었다.

이상 예화로 들은 몇 가지 이야기는 실제로 겪는 일의 일부분에 지나지 않으니 치매를 앓는 당사자나 가족들로서는 여간 괴로운 일이 아니다. 이론상으로는 치매 환자의 특성을 가족이나 주변 사람들이 숙지하고 있다면 의심하거나 하는 말을 들어도 억울하지 않겠지만 그것은 이론일 뿐이다. 가족들도 알아보지 못하고 허구한 날 남을 폭행하고 도둑으로 의심한다면 어떻게 참을 수 있겠는가? 잔병에 효자 없다고 했는데 이건 그냥 병이 아니지 않은가. 가족인 나를 괴롭히는 증상들이니 알고도 넘기기가 그렇게 쉽지가 않다.

치매 환자를 둔 가족에게 권하고 싶은 몇 가지가 있다. 첫째는, 치매를 치료하고 보호하는 전문 기관에 입원시킬 것을 권한다. 내가 정신과를 하던 초기에는 입원을 권하면 가족들이 거부하는 사례가 많았다. 이유를 물어보니 현대판 고려장을 하는 것 같은 죄의식 때문이라고 한다. 그러나 가족이 돌볼 수 있는 수준이 아니다.

두 번째로 가족들에게 권하고 싶은 것은 노인의 특성, 특히 치매 환자의 증상을 자세히 이해할 수 있도록 정보를 많이 알고 있으면 좋겠다. 정보가 많다는 것은 그만큼 대처 능력도 다양할 수 있다는 것이기 때문이다. 마지막으로 권하고 싶은 것은 지금 나는 건강하지만 나이 들어 나도 모르게 치매가 올 수도 있다는 사실을 명심하고 특히 의심에 대한 습관을 버리도록 틈틈이 애를 썼으면 좋겠다.

앞에서도 말했지만 궁금증에 대한 습관을 기르면 의심에 대한 습관으로 발전하지 않을 수 있다. 이런 습관을 젊을 때부터 익히고 또 익혀 두자는 말이다. 궁금증은 어떤 상황에 대해서 왜 이럴까, 라며 알고 싶어 하는 단순한 궁금증이다. 이에 비해 의심이라고 하는 것은 의심의 대상을 미리 확정해 두고 그 의심을 증명할 수 있는 일을 찾는 것이니 이건 궁금증과 다르다.

궁금증은 특정한 임무를 대상으로 하는 것이 아니기 때문에 문제가 쉽게 풀리지만 의심은 특정한 대상과 상황을 전제로 하여 믿고 있기 때문에 그 결과 도달하는 것은 피해망상이다. 이런 노력에도 치매는 진행되겠지만 노력을 한 분들과 하지 않은 분들을 비교하면 노력한 분들의 고통은 상대적으로 훨씬 줄어들 것이다. 궁금증에 대한 습관을 기르는 것으로 의심하는 습관을 막아야 한다.

인생은 내 인생이다

사람들은 자유롭게 살고 싶어 한다. 그런데 인생을 많이 살아 보고 또 인생의 종점 부근에 도달한 사람들을 만나 이야기를 나누어 보면 제일 많이 후회하는 것이 있다. 자기 마음대로 살아 봤으면 하는 소망대로 살지 못한 것이다. 누가 마음대로 살지 말라고 했나? 자기가 그렇게 살아 놓고 이제 와서 마음대로 살아 보지 못한 것을 후회하다니. 그리고 만일 다음 생에 다시 태어난다면 정말 자유롭게 자기 마음대로 살아 보고 싶다니…. 되돌아보면 그런 자유로움이 인간에게 허용될 수 있을까 하는 의문이 든다.

사람이 혼자 사는 동물이라면 '동물의 세계'에 나오듯이 정글을 혼자 돌아다니면서 먹고 싶을 때 먹고, 잠자고 싶을 때

잠자고 하는 그런 자유로움은 느낄 수 있을 것이다. 하지만 사람이란 혼자 살 수 있는 처지가 아니고 집단적으로 모여 살고 그런 사회적 삶 가운데 서로 지켜야 할 도덕적이고 법률적인 제한 속에서 살아야 한다. 이렇게 본다면 사람이란 태어나면서부터 자유롭지 못한 울타리 속에 갇혀 사는 동물일 수밖에 없다. 사람들은 동물과 구분하기 위하여 자기 스스로를 만물의 영장이라고 생각한다. 그런데 만물의 영장이라는 이런 생각을 충족하자면 아이러니하게도 자유를 제한하는 일정한 울타리 속에서 생활을 해야 한다. 이러니 정말 진정한 자유가 무엇인지 잘 모르겠다.

자유의 사전적인 의미는 '남에게 구속을 받거나 무엇에 얽매이지 않고 뜻에 따라 행동하는 것'이라고 되어 있다. 이 정의도 꼼꼼히 따져 보면 틀린 곳이 많다. 일단 자유라고 하는 것은 내 생각에는 이렇다. 본능적인 욕구대로 살아갈 수 있다면 그것이 자유일 것이다. 한번 되돌아보자. 본능적인 욕구대로 산다면 당장 우리에게 어떤 제한이 있을까? 모두가 알다시피 '사람이란 만물의 영장이기 때문에 그렇게 살아서는 안 된다'라는 벽에 부딪힐 것이다.

한때는 히피족이라고 해서 이들의 삶을 자유로운 삶의 상징으로 생각한 적이 있다. 히피족이란 '기성의 사회 통념이나 제도, 가치관을 부정하고 인간성의 회복과 자연에의 귀의 등을 주장하며 자유로운 생활양식을 추구하는 사람들'을 말한다. 1960년대에서 1970년대에 걸쳐 미국 샌프란시스코, LA 등의 청년층에서부터 시작된 삶의 패턴이다.

내가 이 히피족을 직접 본 것은 1982년 네팔에 갔을 때다. 트레킹을 하면서 코다리 Kodari 라는 중국과의 국경 접경지대를 방문한 적이 있다. 그때 놀라운 광경을 목격했는데, 몸에는 얇은 천 조각을 걸치고 나무 밑에 누워 있는 사람들을 많이 보았다. 이분들은 네팔 사람들이 아니고 모두 외국인들이었다. 멀리에서 보면 옹기종기 모여 있는 것이 무슨 동물의 무리가 나무 그늘 밑에 있는 줄 착각할 정도였다. 카트만두에서는 그런 부류 가운데 행색이 거지와 다름없는 모양새로 옛 왕궁에 앉아 구걸하는 사람도 보았다. 당시에 세계적으로 금지되어 있는 마약류도 쉽게 구하여 마약에 취해 길거리에 드러누운 사람도 보았다. 모두 히피들이라고 한다.

나는 그때 네팔에 오는 히피는 두 종류가 있다고 생각했다. 하나는 수도자같이 자유로운 영혼을 좇아 찾아온 사람이고, 다른 하나는 기존 사회에 적응하지 못한 패배자들이 네팔까지 와서 마약에 취하여 거지 같은 생활을 하는 사람이라고 내 나름대로 생각을 했다. 수도자 같은 히피건 사회 적응에 실패한 히피건 외관상으로는 구분하기가 어려웠다. 더욱이 그들이 추구한다고 하는 자유로운 생활이 어떤 것인지 회의를 갖지 않을 수가 없었다. 요즘도 히피가 있는지는 모르겠지만 그들 또한 진정한 자유를 얻었다고는 볼 수 없다.

우리가 서로 약속한 사회적인 제약을 성실히 지켜 가면서 그 테두리 안에서 자유롭다고 생각하는 행동을 하며 살아가는 것이 보통의 자유인이다. 정말로 이런 사회적으로 약속된 테두리까지 벗어나 자유롭게 행동한다면 사회적인 제재를 받을 뿐만 아니라 기인으로 낙인이 찍힌 채로 살아갈 수밖에 없을 것이다.

나는 얼마나 자유롭게 살았는지 한번 되돌아보았다. 내 생각에는 자유는커녕 후회의 말씀을 남기고 떠나간 많은 선배처럼 정말 내 마음대로 살아온 것이 없다. 사회적인 규범을 생각하고 도덕과 법률을 지켜 가면서 살아가기도 벅찬데 가족이라는 테두리도 있고 부모 자녀 간의 테두리도 있고 친구라든지 사회적인 테두리도 있고…. 이런 모든 것으로부터 어떻게 자유롭겠는가?

우리는 '이근후답다' 아니면 '이근후스럽다'라는 말을 흔히 한다. 한 개인의 생활 습관을 두고 그렇게 표현한다. 무엇이 나다운 것인지 생각을 해 보지만 딱히 한 가지로 요약하여 나를 설명하기가 어렵다. 그러나 이런 표현이 있고 보면 그렇게 설명할 수 있는 나다운 게 있을 것이다. 'ㅇㅇㅇ답다'라는 것은 그를 대표하는 성질이 있다는 말일 것이다. 사람들은 다양한 성격적인 면을 갖고 있고 상황에 따라서 적절한 성질을 동원하여 적응을 한다. 그런데 이 많은 성질의 파편을 하나하나 드러내 놓을 것이 아니고 보면 통합된 주된 성질이 무엇인가가 참 중요하다. 이 통합된 주된 성질의 흐름을 아마도 '○○○답다'고 표현하지 않을까.

가령 힘든 상황이나 적응하기 어려운 사건이 생기면 사람들은 제가끔 자신이 갖고 있는 통합적이고 대표적인 적응 방법으로 문제 해결을 하려고 한다. 그런데 이 방법으로 문제를 해결할 수 있다면 다행인데 그렇지 못하면 갈등이 생기고 갈등이 심해지면 정신병리적인 증상을 일으키게 되는 것이다. 자기 성격을 이기지 못하고 분노 조절에 실패하는 사람들을 보면 그가 갖고 있는 주된 적응 양식은 법보다 주먹이 가까운 것이다. 그러니 폭력을 행사할 수도 있는 것이다. 이런 사람들을 두고 사람들은 '그 사람은 폭력적이다'라는 라벨을 붙여 '○○○답다'고 표현을 한다.

사람들은 각기 다른 자기만의 성질을 가지고 있다. 이 성질도 자신을 대표할 만큼 통합된 습관이기 때문에 누구든지 자기 이름 뒤에 '답다'라는 말을 붙여도 틀리지 않는다. 친구가 보내온 글에서 본 것인데 인류 역사상 태어나서는 안될 사람이 두 사람 있다고 한다. 한 사람은 로마 시대의 네로 Nero(37~68)이고 다른 한 사람은 2차 세계대전의 주범인 히틀러Adolf Hitler(1889~1945)이다. 두 사람 모두 제 마음대로 세상을 산 독재자다. 그런데 그들의 전기를 읽어 보면 독재라고 하더라도 자기 마음대로 못한 점이 있었던 걸까. 그래서 그들도 죽음에 이르러 내 마음대로 살아 보았으면 좋겠다는 말을 했을까.

우리는 누구를 독재자라고 표현할 때 그 사람 이름 뒤에 독재자라고 붙이는 대신에 '네로답다'라고 우회적으로 표현할 수도 있을 것이다. 이 독재자가 제 마음대로 살아온 일화는 많지만 한 가지만 소개해 본다. 네로가 고대 올림픽에 참여하여 전차 경주에 출전했는데 꼴찌를 했다. 한데 즉석에서 전차 경기의 룰을 바꾸어 자신을 일등으로 만들고 월계관을 쓰고 돌아갔단다. 이와 같이 사람들은 네로처럼 누구나 자기 성질대로 살면서 자기답게 산다. 그런데 이런 자기다움도 없이 남의 삶을 탐하여 그를 쫓다 보면 자기다움이란 없게 될 것이다. 물론 네로와 같이 악한 마음을 품고 악행을 하면서 자기답다고 말하라는 것은 결코 아니다. 자기다움은 자기가 다듬기에 달려 있다. 마치 내가 사는 집을 좀 더 아름답고 편하게 리모델링하는 것처럼.

성장해 가는 노인이
성장을 멈춘 젊은이보다 낫다

살아가면서 '어떻게 살아가는 것이 가치 있는 삶일까?' 이런 생각을 한두 번은 해 보았을 것 같다. 한창 바쁘게 일할 때야 이런저런 생각을 할 틈도 없이 자기 앞가림을 하느라 급급하니 그런 생각을 하는 것이 오히려 사치였다. 살다 보면 크고 작은 위기에 봉착하곤 하는데 그것은 내가 어떻게 사는 것이 나답고 참된 삶이 될까, 라는 생각을 하게 되는 계기가 되기도 한다.

친구들을 보면 나이답지 않게 어릴 때부터 조숙한 생각을 하고 있는 친구가 있는가 하면, 지금 이 나이가 되어서도 현실감 없는 고루한 생각에 젖어 있는 친구들도 있다. 되돌아보면 사람들은 자신의 삶을 통해 성장을 하느냐 아니면 성장을 멈추고 고착이 되는가에 따라서 그들의 품격이 달라진다.

내 친구 하나는 중학생 때 만났는데 또래 나이보다 훨씬 성숙한 생각을 갖고 있어서 친구가 아니라 선배처럼 여겨졌다. 같은 상황이라도 내가 생각하는 수준과 그가 생각하는 수준은 판이했다. 의견이 달랐다는 것이 아니라 그의 생각이 어른처럼 성숙해 보였다는 뜻이다.

또 다른 내 친구의 아들은 중학생인데 학생회장이 하고 싶어 출마를 하고 나서 내 친구에게 의견을 물었단다. 이런저런 이야기를 나누는 동안 아들은 그가 왜 회장에 나가야 하는지를 조리 있게 설명했다. 그렇게 조리 있게 설명하는 것도 대견스러운데 학생들을 상대로 발표할 원고를 보여 주더란다. 내 친구는 그 출마의 변을 읽고 깜짝 놀랐단다. 요즘 많은 정치가들이 입후보 시에 하는 정견 발표보다 훨씬 정연하고 실제적이고 돋보이는 명문장이었단다. 물론 자기 아들이니까 조금의 자랑도 섞인 것이겠지만 내가 읽어 보아도 중학생이 쓴 글이라고는 생각하기 어려울 정도로 성숙된 문장이다. 이런 친구들을 보고 흔히 조숙하다는 말을 쓴다. 나이보다 훨씬 어른스럽다는 말일 것이다.

요즘 주변을 돌아보면 다양한 분야에서 조숙한 청소년들이 많다. 이런 현상은 우리 사회가 미래에 발전할 근간이 되기 때문에 희망적인 모습이다. 그런가 하면 반대로 자신은 이 세상을 살아갈 자신도 없고 무엇을 해야 되겠다는 소망이나 꿈도 없다고 말하는 청소년들도 많다. 이는 우리 사회가 주는 일시적인 사회제도적 문제일 수도 있으나 그보다 먼저 청소년들이 갖는 좌절감이나 패배감 같은 것이 많이 작용하고 있기 때문이 아닐까 생각해 본다. 이런 청소년은 조숙한 청소년에 비한다면 '성장을 멈춘 청소년'이라고 표현할 수가 있다.

삶에 좌절하여 꿈이 없다거나 미래를 설계할 수 없어 성장을 멈춘다면 살아 있는 청소년이 아니다. 몸은 살아 있지만 정신은 죽은 청소년일 것이다. 어떻게 하면 이런 청소년들을 꿈을 갖게 만들 수 있을까 기성세대는 심도 있게 고민해야 할 것이다. 고민을 하자면 한두 가지가 아니다. 사회 전반의 제도적 문제와 청소년의 연약한 정신을 함께 논의해서 꿈을 갖게 만드는 길을 찾아야 할 것이다.

삶의 질은 나이로만 따질 수 있는 것이 아니다. 흔히 듣기좋은 말로 나이는 숫자에 불과하다는 말이 있지만 신체적인 조건으로 보아서는 노인은 청소년에 비하여 훨씬 불리한 조건을 많이 갖고 있다. 장년 시절에 활기 있게 사회적 활동을 하던 분들 중에서도 정년 퇴임을 하고 나면 소위 방콕대학에 들어가 사회와의 관계를 끊고 지내시는 분들이 많다. 이런 분들을 보면 장년 시절에 온 힘을 다해 집중 성장을 한 자기 분야에서는 전문가이지만 그 분야가 아닌 일상적인 생활이 많은 사회생활에서는 지진아일 수밖에 없다. 일에 파묻혀 일을 통한 자기 성장을 했을 뿐 사회 발전과 변화에 적응할 시간을 갖지 못했으니 정년 후에 암담할 수밖에 없다. 자기가 몸담았던 분야에서는 최고였을는지 모르지만 정년 퇴임을 하고 나면 이런 생활이 전부가 아니니 서툴지만 사회 일반의 생활에 적응하는 방법을 익히지 않는다면 이 또한 '성장을 멈춘 노인'일 수밖에 없다.

한 텔레비전 프로그램을 보니 부부가 함께 출연하여 서로 배우자에 대해 험담을 하는데 대부분의 남편이 부인을 당해내지 못한다. 물론 살아온 과정이 달라서 그럴 것이다. 남편들은 자기가 몸담았던 일에 몰입하느라 사회생활에 적응할 기회가 적었던 반면에 부인들은 하나같이 자기 성장을 놓치지 않고 지속해 왔다. 사회교육을 하는 문화교실 등을 비롯해 교양에서부터 전문직에 이르기까지 교육의 기회가 많다. 이런 기회를 놓치지 않고 성장해 온 부인들의 말을 논리적으로 이길 수가 없다. 한두 남자가 그런 것이 아니라 내가 보았을 때는 텔레비전에 아내와 함께 나온 모든 남자들이 수세에 몰리고 있었다. 자업자득이다. 직업을 가지고 있는 동안은 그 직업에 충실하여 그 방면의 일인자가 되는 것이 바람직하다. 하지만 그 직을 떠났는데도 사회 적응이 서툴다는 이유로 방콕대학에 입학한다면 성장을 중지한 노인일 수밖에 없다.

성장은 남이 시켜서 하는 것이 아니다. 자기가 필요해서 필요한 만큼 성장하려고 노력하는 것이다. 성장의 마디마디는 작을지 모르지만 시간이 지나 그것이 쌓이면 그 성장의 나이테도 성장해 온 만큼 많아질 것이다. 나이가 많다고 해서 옛날 생각만 하고 옛날 사고방식을 고집하면서 성장을 멈춘다면 그는 몸은 살아 있어도 죽은 노인이나 마찬가지다.

이는 같은 맥락으로 청소년들에게도 적용할 수 있는 말이다. 단지 차이가 있다면 성장할 수 있는 기회나 시간 면에서 다를 뿐이다. 노인은 청소년에 비해 기회나 시간이 부족한 것이 다를 뿐 성장 그 자체는 다르지 않다. 요즘은 옛날과 달라서 사회적 변화나 상황의 변화가 놀랍게도 빠르다. 한눈팔고 나면 따라잡기 힘든 처지에까지 이르니 노인이든 청소년이든 성장의 끈을 놓지 말아야 할 것이다.

내 말에 동의하지 않는 노인이 계시다면 이 말로 한 번 더 일깨워 드리고 싶다. "성장해 가는 노인이 성장을 멈춘 젊은이보다 낫다." 또 내 글에 동의하지 않는 청소년이 있다면 또 이 말로 한 번 더 용기를 심어 주어 본다. "성장해 가는 노인이 성장을 멈춘 젊은이보다 낫다." 이렇게 노인과 청소년에게 똑같은 말로 격려를 해 드리는 것은 우리 모두가 성장을 멈추지 말자는 의미다.

성장의 정도가 크냐 작냐를 가릴 필요는 없다. 현재 내가 살아감에 있어서 변화하는 상황에 적응하는 데 필요한 만큼의 노력은 있어야 하지 않을까 싶다. 그러니 오늘도 우리 노인들은 성장의 문고리를 잡고 성장에 대한 소망, 그 끈을 놓지 말자. 비록 청소년들의 성장 속도를 우리가 따라잡지는 못해도 백 미터 달리기 선수보다는 장거리 달리기 선수가 되자. 우리 노인들의 장점인 은근과 끈기로 따라간다면 우리는 영원한 청년이다.

5장

애쓰지 않아도
괜찮다

내면의 자유를 위하여

현대인의 삶은
월부 인생이다

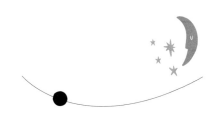

인생을 한마디로 표현하자면 무엇이라고 하면 공감을 많이 받을까? 지금까지 많은 선현들이 인생론을 남겼지만 딱 한마디로 가슴에 와 닿는 말은 그리 많지 않다. 그만큼 인생살이가 단순하지 않아서일 것이다. 그런데 그 많은 인생론 가운데 생각나는 두 가지가 있다. 하나는 내 은사이신 한솔 이효상 선생님이 해 주신 말씀인데 '인생은 덤'이라는 것이다. 내가 이세상에 나오고 싶어 나온 것이 아니니 인생은 덤으로 받은 선물이라는 것이다. 덤이란 '물건을 팔고 살 때 제 값어치의 물건 외에 다른 물건을 조금 더 얹어 주고받음'이라는 뜻이다. 생각해 보면 인생은 즐겁든 고통스럽든 간에 우리에게 주어진 덤임이 틀림없다.

다른 하나는 극작가 이강백이 쓴 모노드라마 〈결혼〉이라는 연극에서 시사한 것인데, 이 연극의 내용은 '인생은 빚'이라는 의미를 담고 있다. 결혼할 여자를 기다리면서 한 남자가 독백 형식으로 진행하는 연극인데 빈손으로 무대에 올라와 관객으로부터 자기가 필요한 물건 하나하나를 빌려서 연극에 활용한다. 말하자면 시계도 빌리고, 모자도 빌리고, 가방도 빌리고…, 이런 식으로 생활에 필요한 모든 것을 빌려 쓰곤 무대를 내려갈 때는 그 빌린 하나하나를 관객에게 돌려주는 식의 연극이었다. 여기에서 자기에게 필요한 소품들을 빌리는 행위가 곧 빚을 지는 것이 아니겠는가. 이렇게 본다면 덤으로 사는 인생을 사는 우리는 일생을 빚으로 사는 빚쟁이라고 표현해도 과언이 아닐 것이다.

내가 만난 한 환자분은 자기는 남에게 신세 진 일도 없고 더욱이 빚진 것은 없단다. 그리고 자기가 남에게 베풀어야 할 이유도 없단다. 이 환자와 약 3개월 동안 상담을 하면서 나는 주로 "당신은 덤으로 나온 인생으로 빚쟁이입니다"라는 말의 뜻을 이해시키려고 애를 썼다. 그때 나눈 대화 한두 가지를 소개하면 이렇다. "오늘 병원까지 오시면서 무엇을 타고 오셨나요?" 이렇게 말문을 떼면 그녀는 택시를 타고 왔단다. 내가 이때다 싶어 "택시기사한테 빚을 졌군요"라고 하면 완강히 저항한다. "택시기사한테 요금을 다 지불했어요. 그런데 내가 빚을 지다니요." 그래도 한 번쯤 또 다른 말로 통찰을 촉구해 본다. "돈이 아무리 많아도 택시나 택시기사가 없었다면 어떻게 하지요?" 이쯤에서 말을 끝냈다. 그녀가 자기 자신을 돌아보는 동기가 생길 때까지 내가 기다릴 수밖에 없기 때문이다. 그녀는 내가 말한 빚을 좁은 의미로 받아들인 것 같았다. 다시 말해 빚이란 금전적인 것이라고 이해했나 보다. 그러니 남에게 돈을 꾼 일도 없고 꾸어 준 일도 없으니 자기는 빚쟁이가 아니라고 말했던 것이다. 나는 틈틈이 그녀의 통찰을 돕기 위해 이강백의 모노드라마 〈결혼〉에 나오는 이야기들을 주고받으면서 빚이란 꼭 돈만이 아니라는 것을 일깨워 주었다.

빚이라는 말이 나오니 생각나는 것이 또 하나 있다. 옛날에는 빚을 쓰자면 은행이나 돈을 빌려주는 쪽에서 담보로 연대보증인을 세울 것을 요구했다. 빚을 쓴 사람이 빚을 갚지 못하면 연대보증인이 그 빚을 다 갚아야 한다. 한때는 연대보증을 섰다가 패가한 사람들이 많다. 그 시절에는 친척이나 지인들이 보증을 서 달라고 하면 거절하기가 어려웠다. 사회 정서상 이런 요구를 거절하면 야박한 사람으로 낙인이 찍혀 사회생활을 하기가 어려웠다. 그러니 많은 사람들이 위험을 무릅쓰고 연대보증인이 되었다.

나의 선배 한 분은 당시로서는 서울에서 제일 큰 정신과 병원을 운영하고 있었는데 이분도 연대보증의 청을 받고 시달

림을 많이 당했다. 그분은 생각다 못해 묘한 유언장을 하나 만들어 액자에 넣어 책상 서랍 속에 넣어 두고 있다가 연대보증을 요청하는 지인들이 오면 이 유언장을 내보이곤 했단다. 실제로는 선배가 만든 그 유언장은 부모님의 유언장인데 거기에는 절대로 남의 연대보증인이 되어서는 안 된다고 쓰여 있었다. 지인이 아무리 간청해도 자기는 해 드리고 싶지만 부모님의 유언을 저버릴 수 없어 죄송하다는 말로 번번이 거절을 했다. 연대보증을 피하는 참 좋은 묘수다.

빚에 관한 다른 이야기도 해 본다. 내 의과대학 동기들 가운데 미국으로 이민 가서 사는 친구들이 참 많다. 동기회가 있으면 그들이 와서 서울에서 만나기도 하고 내가 학회가 있어 미국으로 가는 기회가 있으면 그들의 신세를 많이 졌다. 친구 집에서 먹고 자고 했으니 그게 모두 나에게는 빚이다. 내가 보기에 참 좋은 주택에 좋은 직장 생활을 하는 것을 보고 부럽기도 하고 해서 "너 미국 오더니 참 부자가 되었구나" 그런 덕담을 해 주었더니 의외의 대답이다. 부자가 아니란다. 내 눈에 보이는 모든 것이 그때 한국에서는 볼 수 없었던 것들인데 부자가 아니라니, 내가 의아해할 수밖에 없다. 더 의아한 것은 부자가 아닌 이유다. 지금 자신이 살고 있는 집과 자동차, 다른 집기들 전부 다 자기 것이 아니란다. 월부로 빌려 쓰는 것이란다. 그래서 자신은 한 달을 가불로 사는 빚쟁이라는 것이다. 나는 그때 이해할 수가 없었다. 모든 것을 빌려 쓰다니….
어쨌든 그렇다면 빚쟁이임에는 틀림이 없다.

지금 우리나라는 카드 한 장이면 빚을 지고 살아갈 수 있는데 그때 그 시절의 미국을 꼭 닮았다. 무엇이 됐든 물건을 사거나 아무 음식점에 가서 밥을 먹어도 카드로 결제를 하면 한 달 후에 청구서가 날아온다. 그러니 한 달 동안 외상으로 빚지고 사는 셈이다. 이런 생활 관습이 점점 발달되어 요즘은 스마트폰 하나면 해결되지 않는 일이 없다. 그러니 빚은 더 늘어나면 늘어났지 줄어들지는 않는다. 이런 현상을 보면서 이강백의 모노드라마 〈결혼〉은 참 선견지명이 있는 작품이라는 생각이 들었다.

나는 이 연극에 나오는 빚에 대한 논리를 환자들의 문제를 해결해 줄 때 많이 활용했다. 한 가지 예를 들면 인생살이가 고달파서 극단적인 선택을 하려고 하는 환자들에게 내가 약방의 감초처럼 건넨 말은 "당신은 빚쟁이입니다. 빚도 안 갚고 저세상으로 간다면 되겠습니까?"였다. 그런 말로 대화를 이어 간다. 대부분은 빚이라는 말에 동감을 해 준다.

한 환자분은 집이 가난하여 몸부림을 치다가 극단적인 선택을 했는데 다행히 우리 병원 응급실에서 생명을 건졌다. 내가 1개월여 입원시켜 치료한 후 경쾌한 상태로 퇴원을 시켰는데 그 가난한 살림에 입원비를 낼 돈이 없었다. 내가 원장님께 말씀드려 퇴원을 시켰는데 살아가면서 월부로 조금씩 조금씩 입원비를 갚아 나가시라고 했다. 그는 열심히 일을 해서 병원비를 모두 갚았다.

나는 그가 삶의 욕구가 되살아나 일상생활을 잘해 나가기를 바랐는데 엉뚱한 전화를 하나 받았다. "선생님, 그동안 고마웠어요. 이제 병원 빚은 다 갚았으니 내 갈 길을 가려고 합니다. 여기는 한강이에요." 빚을 다 갚았으니 또다시 극단적인 행동을 하려고 한 것이다. 나는 이 전화를 받으면서 병원에서 상담하듯 긴 시간 설득을 했다. 설득의 요지는 이랬다. 나는 "당신이 빚을 다 갚았다고 하는데 나한테 진 빚은 언제 갚았나요?"라고 윽박질렀다. 입원비는 갚았지만 내가 그녀를 위해 치료적으로 애쓴 것에 대한 빚은 갚지 않았다는 의미였다. 그 환자의 성격이 다소 강박적으로 완벽증이 있었기 때문에 나에게 갚을 빚이 있다는 말에 수긍했다. 그녀는 그러면 어떡하면 좋으냐고 물었다. 우선 한강에서 내 진찰실로 오라고 했다. 그렇게 다시 나와 연결이 되어 치료를 계속했는데 우울증이 도지면 또다시 생을 하직하고 싶은 욕구를 이기지 못한다. 그럴 때면 그녀는 나에게 이렇게 말한다.

"이만하면 선생님에게 진 빚도 다 갚은 게 아닐까요?" 나는 즉각적으로 그렇지 않다고 말한다. 아직 갚을 것이 많다고 일러 준다. 그녀는 그 말을 믿고 나에게 빚진 신세를 갚으려고 애를 쓰면서 살았다. 그녀는 나에게 빚은 빚인데 어떤 방법으로 갚으면 되는가를 자주 물었다. 나의 한결같은 대답은 "당신이 살아 있으면 나한테 빚을 갚는 겁니다"였다.

빚이란 우리가 흔히 생각하듯이 경제적인 것만이 아니다. 내가 보기에 사람들이 얽혀 살면서 서로 인연 지워진 모든 것이 빚이라는 생각이 든다. 모든 사람이 저세상에 가기 전에 이 세상에서 살며 졌던 빚을 어떤 방법으로든지 갚고 갈 수 있으면 평화로운 생의 마감이 되지 않을까 싶다.

함께 울기는 쉬워도
함께 웃기는 어렵다

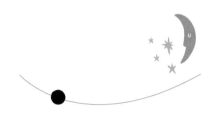

사람들의 일상생활에는 희로애락이 따른다. 기쁜 일도 있고, 화날 일도 있고, 슬픈 일도 있고, 즐거운 일도 있다. 이 모두가 우리의 감정인데 표현하는 것은 사람마다 서로 다르다.

정직하게 있는 그대로 표현하기가 힘든 감정들도 많다. 누가 그 감정을 감추라고 해서 감추는 것이 아니라 상황에 따라서 드러내면 좋은 감정이 있고 조금은 상대편을 살펴 가며 감추어야 하는 감정도 있다. 요즘 일상생활에서 가장 표현하기 조심스러운 것이 있다. 자녀들이 입학시험에 합격했는지 불합격했는지 물어보기가 어렵다. 다행히 합격했으면 괜찮겠지만 불합격했다면 질문 자체가 상대방에게 고통을 한 번 더 주는 셈이다. 그래서 질문하기가 어렵다.

다른 사람의 슬픔을 나의 슬픔으로 받아들이는 것과 다른 사람의 기쁨을 나의 기쁨으로 받아들이는 데는 차이가 좀 있는 것 같다. 내 생각에는 상대방의 슬픔을 함께 슬퍼해 주는 일은 그렇게 어렵지 않으나 상대방의 기쁨을 함께 기뻐해 주기란 상대적으로 좀 어려운 것 같다. 기쁨도 기쁨에 따라 좀 다르다. 친척이나 지인이 관운이 있어 높은 자리에 오르게 되면 기쁨을 함께하기가 쉽다. 그 사람이 높은 자리에 있음으로 해서 내가 의지할 수 있으니 상대적으로 기쁨을 기쁨으로 표현할 수가 있다. 하지만 돈에 관해서는 좀 예외인 것 같다. 부러워하기는 하지만 함께 기뻐해 주지는 않는 것 같다. 오죽했으면 '사촌이 땅을 사면 배가 아프다'는 속담이 생겼을까. 언제부터 생겨난 속담인지는 모르겠지만 그런 속성이 하루 이틀 사이에 생겨난 것은 아니라는 생각이 든다.

사촌이 땅을 사면 왜 배가 아플까? 정신의학적으로 설명할 수 있는 근거가 있다. 정신의학에서 분류한 진단 가운데 정신 신체장애 또는 정신 생리 장애라고 일컫는 일단의 질병들이 있다. 흔히 병이라고 하면 신체적인 질병을 먼저 떠올리는데 이 경우 신체적인 원인이 반드시 있게 마련이다. 이에 비해 정신과 질환은 그 원인이 신체 질환에 비해 명확하지 않다. 서양 의학에서는 정신과 신체를 이원화해서 연구가 시작되었으며 동양에서는 의학이 발달한 초기부터 정신과 신체의 질환을 분리하지 않고 심신 동체라는 개념을 갖고 있었다. 마음이 아프면 이로 인해 몸에 탈이 날 수도 있고 몸이 아프면 이와 연관되어 마음을 앓기도 한다. 그러니 정신장애와 신체 질환이 따로 있는 것이 아니다.

서양의학에서는 이원화되었던 연구가 1900년대에 들어와서 정신과 신체가 서로 영향을 준다는 연구를 시작하여 지금에 이르렀다. 신체의 각 부위마다 정신적인 영향을 받을 수가 있는데 어떤 신체 기관이 선택되느냐는 개인별로 어느 신체 장기가 취약한가에 달려 있다.

쉽게 볼 수 있는 증상으로 두통, 소화불량, 사지 마비, 언어장애, 과민성 대장염, 두드러기, 생식기능 저하 등등이 있다. 이것들은 신체적 원인에 의해서 발생할 수 있는 증상이지만 정신적인 충격이나 자극에 의해서도 똑같은 증상이 일어날 수 있다. 정신적인 문제로 신체에 이상이 나타난 이런 환자들은 진단 기기를 이용하여 검사를 해 보지만 신체적인 원인은 발견할 수가 없다. 이런 환자를 정신과적으로 좀 더 깊이 진단하여 그 증상과 환자의 정서에 긴밀한 연관성이 있다는 것을 알고부터는 정신 신체장애 또는 정신 생리 장애라는 진단을 붙이고 치료를 하게 된다. '사촌이 땅을 사면 배가 아프다'는 속담에 대해 정신과적인 진단을 내려 본다면 이것은 정신 신체장애에 속한다. 사촌이 땅을 산다는 것은 돈이 많다는 뜻이다.

돈이 많은 것이 가볍게는 마음에 들지 않거나 좀 심해지면 시샘과 질투로 이어지고 끝내는 분노와 같은 부적절한 증상을 보이게 되니 바로 정신 신체장애가 아니겠는가. 그 분노를 억압하자니 그것이 빌미가 되어 신체 질환처럼 신체적인 증상이 나타나는 것이다.

정신과 의사인 내 친구와 함께 중국에서 열린 정신과학회에 참여한 일이 있다. 나는 당시 대한신경정신의학회 학회장 자격으로 초청을 받아 참여했기 때문에 주최 측으로부터 융숭한 대접을 받았다. 한번은 친구 정신과 의사와 함께 초대를 받아 식당에 갔는데 푸짐한 음식이 나왔다. 전채로 나온 음식이 몇 가지 있었는데 그중 하나는 잘게 썬 고기 같은 걸 튀긴 것이었다. 먹어 보니 고소하고 뒷맛도 좋았다. 친구도 먹어 보더니 술안주 하면 꼭 좋을 것 같다는 말을 하면서 종업원을 불러 이 전채의 재료가 무엇인지 물어보았다. 그러면서 귀국해서 중국집에 가면 이것을 청하여 술안주 하고 싶다고 했다. 종업원은 "뱀을 말려 튀긴 것입니다"라고 대답했다. 뱀이라고? 나는 의아했다. 한 번도 뱀고기를 먹어 본 일도 없는데 모르고 먹었을 때는 고소했던 그 전채가 뱀이라는 소리를 듣고 보니 좀 혐오스러웠다.

내 친구 얼굴을 쳐다보니 갑자기 얼굴색이 창백해지면서 나보고 화장실에 다녀오겠다고 말하곤 화장실로 갔다. 돌아와 자리에 앉으면서도 불편한 기색이 역력하다. 친구는 그 후로도 몇 번 더 화장실을 다녀왔다. 나는 친구에게 "너 뱀하고 무슨 원수 진 일 있냐?" 하고 정신과 의사답게 정신 신체장애를 연상하면서 물어보았다. 그 친구의 실토는 참 신기했다. 그 자신도 신기하다고 이야기했다. 그러고는 화장실에 가서 계속 설사를 했다. 정신 신체장애 가운데 과민성 대장염이라고 이름 붙여도 딱 알맞을 그런 증상이었다. 그가 들려준 뱀에 대한 이야기는 더욱 놀라웠다. 자기가 어릴 때 아버님이 보신용으로 뱀탕을 많이 잡수셨단다. 어린 마음에 뱀을 잡는 것을 많이 보았기 때문에 많은 뱀들이 어울려 자기한테 원수 갚으러 올지도 모른다는 불안 속에서 지냈다고 한다.

어른이 되고 정신과 의사가 되고서는 그런 불안으로부터 벗어났다. 그런데 전채의 재료가 뱀이란 종업원의 말을 듣고 즉각 반응으로 나타난 것이 설사다. 그러니 뱀에 대해 잠재되어 있던 공포가 신체 증상으로 나타난 것이 분명하다. 그 친구의 증상을 보고 나에게도 그런 유사 증상이 있지 않았을까 곰곰이 생각해 보았다. 나는 어릴 때 비를 맞으면 두드러기가 났다. 빗속에 두드러기를 일으킬 독성 물질도 없었을 텐데, 만에 하나 있다 하더라도 비 맞은 사람들 가운데 왜 하필 나만 두드러기가 나는가 생각해 보았다. 놀랍다. 내가 어릴 때는 대중교통이 발달되어 있지 않아 먼 거리도 걸어서 다녔다. 집에 전화가 없으니 작은 일이라도 전할 것이 있으면 그 집까지 가서 전달을 해야 된다. 아버지는 이런 심부름을 꼭 나에게만 시켰다. 가기 싫었지만 싫은 감정을 억누르고 다녀오곤 했다. 심부름 가던 날 비가 오면 그 비를 맞고 예외 없이 두드러기가 났던 기억이 난다. 이것도 정신 신체장애 가운데 하나다. 내가 싫은 감정을 억눌렀던 것이 빌미가 되어 두드러기가 난 것이다.

　독자분들이 이런 사례를 이해하신다면 '사촌이 땅을 사면 배가 아프다'는 증상에 대해서도 이해가 갈 것이다. 바로 상대방이 나보다 돈을 더 많이 가진 데 대한 시기심과 질투, 나아가 분노를 억압하고 살자니 정신·신체 의학적으로 배가 아플 수밖에 없는 것이다. 이것은 약으로 치료되는 것이 아니다. 시기심과 질투, 분노 같은 원인이 되는 정서를 해결하지 않고는 증상이 멈추지 않는다. 이때의 증상은 감정 상태를 몸으로 표현한 것이다.

자녀들이 당신이 우는 모습을
보아도 괜찮다

나는 어릴 때 울보에 가까웠다. 지금 생각하면 울 일도 아닌데 자주 울었던 것 같다. 주로 무안하거나 서러워서 울었다. 무안하다는 것은 내가 감정적으로 여렸다는 뜻이고 서럽다는 것은 아무도 나를 생각해 주지 않는다는 그런 외로움 때문이었을 것이다.

내가 울기만 하면 부모님은 "뚝! 남자는 우는 게 아니야"라고 하셨다. 그런 말을 듣고 자라면서 나는 남자니까 눈물을 흘려서는 안 된다고 생각했다. 조금 크면서는 왜 여자는 울어도 괜찮고 남자는 울면 안 되는 것일까 하는 의문이 생겼지만 부모님에게 여쭤 보지는 못했다. 부모님이 남자는 울면 안 된다고 했으니 그냥 부모님 말씀을 따랐다. 누군가 쓴 글을 읽어 보니 남자가 이 세상에 나서 눈물을 흘려야 할 때가 세 번 있단다. "태어나서 한 번, 부모님이 돌아가셨을 때 한 번, 나라를 잃었을 때 한 번"이란다. 이를 놓고 보면 나는 태어났을 때와 부모님이 돌아가셨을 때 울었으니 맞는 말이다. 그런데 마지막 눈물은 아직 흘려 보지 못했다. 나라를 되찾은 경험은 있으나 아직 나라를 잃어 본 적은 없으니 그로 인한 눈물을 흘려 본 적은 없다. 그런데 요즘 들어서 시도 때도 없이 눈물이 고이면서 가슴이 울컥할 때가 있다. 되돌아보면 무슨 이유가 있는 것도 아니다. 그런데 왜 그럴까? 원인 없는 결과는 없다고 했는데 내가 울컥하면서 눈물이 고이는 것은 필시 이유가 있을 텐데 도무지 알 수가 없다. 억지로 생각을 해 보자면, 어릴 때부터 교육받은, 남자는 울어서는 안 된다는 억압이 노년이 되어 한몫 쏟아지는 것은 아닐까 추측해 보지만 그것도 충분한 이유는 되지 못한다. 울컥하는 마음은 다른 데서 무슨 자극을 받아서가 아니라 나의 내면적인 자극 때문일 것이다. 외로움이랄까, 아니면 고독감 때문일까? 정체를 알 수가 없다.

나는 종종 가족과 함께 있을 때 장난삼아 "악" 하고 소리를 질러 볼 때가 있다. 가족들은 이 고함치는 소리를 생소하게 듣고 깜짝 놀라지만 나는 눈물이 고이려고 하면 이를 막아 보려는 수단으로 그런 장난기 어린 고함을 질러 보곤 한다. 그렇게 보면 나에게는 이 단순한 고함 소리가 눈물이다. 부모님이 가르쳐 준, 울어서는 안 될 남자임을 확인해 드리고 나는 고함소리로 대신해서 나 자신과 타협을 해 본다. 지금은 누가 울어라 울지 마라 하고 나에게 강제하는 사람도 없는데 이토록 울음을 자제하는 것을 보면 어렸을 때 받는 교육이 얼마나 중요한지를 깨닫게 만든다.

부모의 눈물은 이런 자기 자신의 문제 때문에 흘리는 눈물도 있겠지만 자녀들로 인해서 흘리는 눈물도 많을 것이다. 생각해 보면 자신의 눈물도 눈물이겠지만 자식을 위해 흘리는 눈물이 더 많을 것 같다. 그러니 부모다.

내 경험 하나를 적어본다. 내가 대학교 입학시험을 쳐서 한 번 떨어진 적이 있다. 당시 수험 제도로는 1차 시험에 떨어지면 2차, 3차 시험이 있어서 대학입학시험을 치를 수가 있었다. 나는 의과대학을 지원했는데 실패를 해서 그 실패의 상처 때문에 엄청난 충격을 받았다. 의과대학을 졸업하면 의사 국가시험을 쳐서 합격하면 의사 면허증을 받고 의사가 된다. 그러니 의과대학은 어떤 의과대학을 다니더라도 별문제가 없을 텐데 나는 내가 지원했던 1차 시험에 불합격했다는 실패감 때문에 자존심이 엄청 상해서 2차 시험에는 응시하지 않았다. 이런 나를 보고 어머니는 "한 번 실패는 병가지상사兵家之常事(전쟁할 때 한 번의 실수는 늘 있는 일이라는 뜻으로, 어떤 일에든 실수나 실패가 있을 수 있다는 말)"라고 말씀하시면서 나를 격려해 주셨다. 어머니가 외아들인 나를 키우면서 어릴 때부터 강하게 양육시킨 터라 그런 말씀을 하실 수 있다고 이해를 했다. 나도 속으로 다짐하며 내년에 재도전하여 합격하리라고 마음을 먹었다.

당시에는 재수학원이나 재수를 준비할 다른 마땅한 곳이 없어 집에서 혼자 공부할 수밖에 없었다. 하루는 밤에 잠을 자다가 문득 깼는데 어디서 흐느끼는 소리가 잔잔하게 들려왔다. 이게 무슨 소리인가 궁금해서 나는 가만히 귀를 기울였다. 전깃불을 끄고 잠자는 방 안에서 흐느끼는 소리가 들리니 이는 필시 누군가가 우는 소리일 것이다. 누워서 이리저리 두리번거려 보니 어머니다. 어머니는 모로 돌아누워 억지로 울음을 참고 나직하게 흐느끼는 소리만 내고 계셨다. 나는 순간 가슴이 아팠다. 어머니가 운 것은 나 때문이다. 그렇게 믿었던 아들인 내가 입학시험에 불합격하다니 어머니도 그 감정을 이기지 못하셨을 것이다.

내 앞에서는 "한 번 실패는 병가지상사"라고 격려해 주셨으면서…. 내 면전에서는 나의 실패에 대한 서운한 감정을 겹겹이 가슴에 쌓아 두고 의식적으로 참고 있었으니 주무실 때 흐느낌으로 표출되었을 것이다. 이 눈물은 아들을 위한 눈물이다. 나는 그다음 해에 의과대학에 입학하여 어머니의 마음 속 흐느낌을 씻어 줄 수 있었다. 이런 경험을 가진 내가 사남매의 아버지가 되어 그들을 양육하면서 눈물을 흘려 본 적은 없다. 바꾸어 말하면 자녀들이 자신의 힘으로 잘 성장해 주었다는 말도 된다.

그렇다면 지금도 나는 자녀들 때문에 울 일이 없는데 왜 내 눈에는 눈물이 고이는 것일까? 흔히 말하는 나이 때문일 것이다. 노년에 느끼게 되는 복합적인 감정이 뒤섞여 나오는 눈물일 것이다. 지금 나의 눈물은 어릴 때처럼 펑펑 나오는 것도 아니고 찔끔찔끔 나오는 것도 아니고 겨우 눈물이 고이는 정도다. 이런 눈물보다 더 크게 나에게 나타나는 것은 그 고인 눈물과 함께 갑자기 뻥 뚫어지는 듯한 가슴이다. 그것은 오래가지는 않는다. 무슨 일을 하다가도 갑자기 엄습해 오는 감정일 뿐 그로 인해 하던 일을 방해받을 정도는 아니다. 그런 감정을 어릴 때처럼 드러내 놓고 울보처럼 한번 울어 보고 싶기는 하지만 그것도 잘 안 된다. 그래서 나는 "악" 하고 소리를 지르는 습관이 생겼다. 아직도 나는 내 솔직한 감정을 드러내지 못하고 속이면서 자제하고 있나 보다. 언젠가는 내가 소리 지르는 것이 눈물이라는 걸 자녀들에게 들킬 때가 올 것 같다. 남들에게는 울고 싶을 때는 우시고 웃고 싶을 때는 마음껏 웃으라고 권하면서 정작 자기 자신은 울지 못하는 것을 보면서 또 한 번 가슴이 먹먹할 뿐이다.

유비무환도
안 통하는 것이 있다

앞글에서 외양간을 고쳐야 한다는 이야기나 유비무환이라는 것을 경험적으로 강조하다 보니 하나 놓친 게 있다. 아무리 외양간을 튼튼히 지어 놓고 앞으로 닥칠 미래에 대한 준비를 넘치고 넘치게 해 둔다고 하더라도 화를 당하는 경우가 있다. 앞에서 설명한 대로라면 울타리를 잘 만들고 미래에 대한 대비를 철저히 한다면 어떤 화도 있어서는 안 될 것 같은데 우리네 세상살이는 그렇지가 않다.

이와 연관해서 생각나는 단어가 하나 있다. '마지노선'이다. 마지노선은 '어떤 일이나 사안에 대하여 받아들이거나 인정할 수 있는 최저의 한계선을 비유적으로 이르는 말'이다. 유비무환도 이 마지노선을 넘기면 화를 면치 못할 것이다. 마지노선이란 단어가 이런 의미로 사용되기까지 그럴 만한 역사적인 사실이 있다.

　1차 세계대전 당시 프랑스에서 독일의 침공을 방어하기 위해 1927년부터 1936년까지 10여 년에 걸쳐 독일의 국경선을 따라 약 700km의 방어벽을 구축했다. 마지노라고 하는 이 방벽은 당시 국방장관이던 앙드레 마지노의 이름을 따서 지은 것이다. 그런데 난공불락의 이 요새는 훗날 프랑스에 큰 불행이 되고 말았다. 독일은 이 마지노선을 따라 침공한 것이 아니었다. 독일의 한 장군은 마지노선 끝부분에 아르덴 숲이라는 고원의 삼림지대를 통해 기갑부대를 동원하여 난공불락의 요새 후방으로 침공하여 연합군의 방어선을 와해시키고 연합군을 덩케르크라는 곳에 고립을 시킨다. 그러니 10여 년에 걸쳐 만들어진 난공불락이라고 생각했던 마지노선도 허무하게 무너지고 만 것이다. 독일은 마지노선의 허점인 마지노선 끝자락을 뚫고 후방으로 침투한 지 6일 만에 프랑스의 항복을 받아 냈다. 이를 두고 곰곰이 생각해 보면 아무리 유비무환이 철저하고 철저하다고 하더라도 결국은 그 대비한 것을 사람들이 어떻게 운영하고 대처하느냐에 따라 화를 입을 수도 있고 면할 수도 있다. 가장 중요한 것은 사람의 판단이다. 넘치고 넘친 준비라 해도 그것은 사람이 운용하는 보조품에 불과하다. 살아오면서 우리는 보조품이 주체인 줄 착각하여 보조품에 지나치게 의존하는 경우가 많다.

요즘은 IT 산업이 발달하고 인공지능 시대가 도래했다. 그런데 사람들은 이를 지나치게 확신을 갖고 믿는 것 같다. 마치 마지노선을 만들어 두고 난공불락이라고 믿었던 당시 프랑스 사람들의 마음에 비길 만하다. 1970년대에 내가 일본 도쿄에서 학회가 있어 참석을 했는데 거기서 지하철을 탔다. 개찰구는 자동화되어 있어 표를 기계 안에 넣으면 문이 열려 들어갈 수가 있었다. 당시 우리나라는 역무원이 일일이 표를 검표하여 입장시키던 때였으니 내가 보기에도 신기했다. 그런데 내가 산 표를 기계에 넣었더니 갑자기 '삐삐' 하는 소리가 울린다. 무엇이 잘못되었다는 뜻이다. 표를 다시 기계에 집어넣어 보았으나 '삐삐' 소리가 다시 울릴 뿐 문은 열리지 않는다. 두리번거려 보아도 역무원이 없으니 물어볼 수도 없다. 나는 많이 당황했지만 역무원에게 연락이 되어 해결되었다. 표가 잘못되었다는 것이다. 우리가 기계를 신뢰하는 정도는 보통 어떤가? '기계는 거짓말을 하지 않는다' 이런 것 아닌가. 이런 편견을 가지고 있었으니 내가 당황할 수밖에 없었다. 지금 찬찬히 생각해 보면 기계가 사람보다 정직하다고 여길 수도 있겠지만 그 기계를 운영하는 사람에 따라서 사람보다 더 조직적인 거짓말을 할 수도 있지 않겠는가. 기계가 거짓말하는 것은 아니지만 기계를 운용하는 사람이 거짓을 조작하여 기계로 하여금 거짓말을 하도록 만드는 것이다. 그리고 이렇게 사람들이 거짓을 조작하지 않더라도 기계 자체의 문제 때문에 오작동이 날 수도 있지 않겠는가.

옛날이야기이지만 미국의 달 착륙선이 성공적으로 착륙하여 인류 역사상 최초로 암스트롱이 달 표면에 인류의 발자국을 남겼다. 이때 달 표면에서 운용하던 로봇이 고장이 나서 작동하지 않으니 나사 본부에 해결책을 물었다. 나사의 처방은 그 기계를 손으로 몇 번 툭툭 쳐 보라는 것이었다. 그렇게 정밀한 기계를 손으로 툭툭 치니 작동을 했단다. 기계라는 것이 아무리 정교하고 편리하게 설계되어 있다고 하더라도 인간이 자신의 목적에 따라 작동을 시켜야만 그 기능을 발휘할 수 있다. 사람이 작동시켜 주지 않는다면 기계는 무용지물이다. 이런 원리를 생각하면 결론은 너무 간단한데 그것을 알지 못하고 기계 만능주의 같은 사고를 사람이 갖게 되었으니 주객이 전도된 판이다.

소를 잃고 아무리 외양간을 잘 고쳐 두었다고 한들 그 울타리만 믿고 사람이 관리와 운영을 게을리한다면 소는 또 잃고 말 것이다. 유비무환이라고 해서 준비를 넘치고 넘치게 해 둔다고 하더라도 그것만 믿고 사람들이 팔짱을 끼고 지낸다면 그 준비물이 무슨 소용이 있겠는가. 기계 문명은 어디까지 발달할는지 그 끝을 알 수 없을 정도로 급속하게 발전하고 있으니 지금 정신을 바짝 차려야 할 일이다. 이 말이 나이 든 한 사람의 지나친 기우일까. 마지노선의 역사적인 사실을 되돌아본다면 기우만은 아닐 것이다. 우리가 이런 급속한 변화를 겪으며 살아가는 것은 지금이 처음이다. 지금에 비하면 과거의 삶은 그 속도가 빠르지 않았기 때문에 지금보다는 걱정이 덜했을 것이다.

우리가 지금 기계에 대한 무조건적인 확신을 갖고 살아가는 습관이 생긴다면 이 또한 소를 잃는 외양간 격이 되지 않을까 싶다. 엉뚱한 생각이기는 하지만 우리는 역사 속에서 오래도록 신을 믿는 신본주의 가치 속에서 살아오다 르네상스 시절을 맞아 신이 중심이 아니고 사람이 중심인 인본주의 가치 체계로 의식이 전환되어 지금까지 살아오고 있다. 세상의 근본은 사람이라는 것이다. 사람이 주인이고 내가 그 사람의 주인이라는 가치관이다. 그런데 지금과 같이 기계에 의존하는 것이 습관화되면서 기계 만능주의가 확고하고 정밀하게 우리 의식 속에 파고든다면 우리가 지금까지 갖고 있는 인본주의적인 주인 의식이 사라지지 않을까 걱정이다.

기계가 정확하고 우리에게 편리함을 제공해 주는 것은 사실이긴 하지만 그런 것을 이유로 기계에 대한 확신이 기계 중심적인 의식으로 바뀐다면 모르긴 해도 유비무환도 쓸모없는 재앙이 될 수 있을 것이다. 신본주의를 벗어나 인본주의로 가치가 변하기까지 수천 년이 걸렸는데 지금 같은 기계 중심적인 사회 변동 속도라면 인본주의가 무너지고 기계본주의(이런 말이 있는지 모르겠지만) 가치 시대가 도래할 날도 멀지 않은 것 같다.

그저 마지노선을 믿었던 그들이 유비무환의 깊은 뜻을 생각했더라면 어땠을까. 기계 만능주의에 빠지는 대신 우리가 마지노선이 아닌 유비무환의 정신을 늘 마음속에 새긴다면 기계는 기계일 뿐이다. 기계의 주인은 사람이다. 기계는 우리의 일상에 편리함을 줄 뿐 기계가 아무리 발달해도 기계는 주인이 아니다. '이 세상의 주인은 사람이고 사람의 주인은 나'라는 확신을 잃지 말았으면 좋겠다.

준비 없이 이루어지는
일은 없다

　'소 잃고 외양간 고친다'는 말이 있다. 외양간이 허술해서 소를 도둑맞았다, 그런데 도둑을 맞고 나서 생각해 보니 외양간이 부실했던 걸 후회하고 외양간을 고쳤다는 속담인데 요즘 세태를 보면 소 잃고도 외양간을 고치지 않는 안전 불감증이 너무도 많다. 산업 현장에서의 사고나 아니면 교통사고나 화재 사고 등을 보아도 미리 준비해 두면 화를 면할 것도 '설마' 하고 안전 불감증에 걸려 큰 화를 입기도 한다. 어디나 안전에 관한 매뉴얼은 잘 만들어 두고서도 그것을 실천하는 일이 적으니 이를 두고 안전 불감증이라고 할 것이다.

　요즘은 택시를 타면 습관적으로 안전벨트를 먼저 맨다. 혹시 잊어버리고 안전벨트를 매지 않으면 운전기사가 안전벨트를 매라고 권유한다. 우리에게 이런 습관이 생긴 지는 얼마 되지 않는다. 처음에는 안전벨트를 매도록 법을 만들어 계도 기간도 주었다. 그때 택시를 타면 기사도 안전벨트를 안 한 것은 물론 내가 안전벨트를 매려고 하면 불편한데 안 매도 좋다고 선심 쓰듯이 말했다.

지금도 안전벨트에 소홀한 사람이 없지는 않지만 차츰 안전벨트의 중요성을 인식하고 매는 사람들이 많아졌다. 이처럼 시일은 걸리겠지만 모든 분야에서 안전 불감증을 대체하기 위해 노력한다면 지금보다는 안전한 사회에서 살 수 있을 것이다. 그래서 생긴 말이 유비무환有備無患(미리 준비해 두면 근심할 것이 없음)인데 이는 요즘 와서 생긴 말이 아니라 아주 옛날부터 있어 온 말이다. 준비에 관한 다음과 같은 글도 있다. "준비는 항상 필요한 것보다 더 많이 하고 실전에서는 흐름에 따르십시오."

나는 준비를 했어야 할 일을 준비도 하지 않았다가 낭패를 본 일이 있다. 나는 학교를 졸업하고 군 복무를 마치면 미국으로 유학을 가고 싶었다. 미국 의사 시험을 따로 쳐서 합격하면 미국에서도 의사 생활을 할 수 있으니 선진 의술도 배울 겸 미국을 가고 싶었다. 그런데 예기치 못하게 4.19 때 격렬한 시위를 했다고 해서 5.16이 나자 그때 앞장섰던 대표들을 모두 구금한 적이 있다. 나는 재판을 받아 10개월을 교도소에서 지냈고 그동안 나의 모든 계획은 꼬여 버렸다. 나는 이렇게 된 원인이 5.16 군사 쿠데타라고 생각하여 군인에 대한 적개심을 불태우느라 일상적인 생활도 제대로 하지 못했다. 그러니 내가 꿈꾸던 미국 유학뿐 아니라 지금 당장 전문의 수련도 받을 수 없는 제약을 받고 일상생활이 모두 흐트러져 버렸다.

1967년 일제히 사면령을 받아 전과로부터 자유로워져서 나에게는 내가 원하는 대로 할 수 있는 기회가 왔다. 그러나 갑자기 생각을 해 보니 나에겐 준비된 것이 아무것도 없었다. 군부에 대한 적개심을 불태우며 크고 작은 저항을 하느라 내가 본래 꿈꾸었던 유학 준비는 하나도 하지 못했다. 막상 내 행동의 자유로움은 찾았으나 유학 갈 자격을 갖추지 못했으니 적개심을 불태우다 소만 잃은 셈이다. 그래서 늦었지만 외양간을 고쳤다. 준비를 안 한 탓에 유학은 가지 못했지만 국내에서 공부를 새롭게 하여 일생을 교수직으로 지내다 정년 퇴임할 수 있었다. 그렇게 된 것은 내가 외양간을 고쳤기 때문이다.

이런 사례도 있다. 내가 아는 친지 한 분은 상담을 공부하여 자격증도 따고 석사와 박사 과정을 밟아 상담학 박사가 되었다. 그런데 취직을 하려니 마땅치가 않았다. 실업자가 전례 없이 많아진 요즘 취직하기가 어렵기도 하지만 자기 전공을 살려 일하기도 참 어려워졌다. 이분은 나와는 달리 자기 목표가 이루어질 때까지 누구도 원망하지 않고 시간 나는 대로 상담과 관련된 모든 연수회에 참여하여 공부도 하고 관련 자격증도 여러 개 땄다. 객관적으로 보면 이분은 유비무환의 모범생이다.

그런데 취직 시험을 보는 곳마다 낙방이다. 한두 번이 아니고 십여 번을 낙방했다. 그러는 동안에도 그는 부지런하게 상담과 연관된 공부를 열심히 하여 준비를 더 단단히 해 두었다. 생각해 보면 이만한 자격을 갖춘 사람도 드물 텐데 한두 번도 아니고 열 몇 번이나 낙방하는 것을 보면 그의 실력이 모자라서 그렇다기보다 지망하는 경쟁자가 많아서 뽑히지 않았을 것 같다.

하루는 나에게 전화가 왔다. "선생님! 나 합격 먹었어요." 이게 무슨 말인가, 그토록 염원했던 소망인데 그 소망을 이루었다니, 그것은 오로지 그가 쉬지 않고 준비에 준비를 거듭한 결과가 아닐까 싶어 "축하 축하"라는 단어를 연발하면서 합격을 축하해 주었다. 그 많은 경쟁을 이번에는 어떻게 뚫었을까 궁금했다. 그의 설명은 의외였다. 이번에도 원서는 냈지만 합격하리라고는 생각하지 못했는데 구두 시험장에서 시험관으로부터 열받는 질문을 하나 받았단다. 그가 준비한 자격들을 훑어보던 시험관이 이렇게 질문을 했다. "이렇게 화려한 이력을 가지셨는데 왜 지금까지 경험을 쌓은 것이 없나요?" 이 질문을 받은 내 친지는 지금까지 참아 왔던 분노를 폭발시키고 말았다. 이번에도 떨어질 게 확실한 것 같은데 울분이나 토로하고 말자, 그런 심정이었단다. 그는 이렇게 대답을 했단다. "경험이 없다고요? 네, 그래요. 경험이 없어요. 누가 합격을 시켜 줘야 그나마 경험을 쌓을 것 아닙니까?" 그렇게 퉁명스러운 대답을 하고 나왔단다. 나와서는 합격에 대한 미련은 진작 끊어 버리고 또 다른 준비에 골몰했다고 한다. 그런데 일주일이 지나자 예기치도 않게 합격 통지서를 받고 너무 기뻐서 나에게 전화를 했다는 것이다. 이 합격은 그의 철저한 유비무환 때문일 것이다.

매사가 그렇다. 준비를 한 사람은 준비하지 않은 사람에 비하여 성공률이 높다. 설사 성공하지 못했다고 하더라도 외양간을 고치는 사람이 고치지 않는 사람에 비하여 성공률이 높을 것이다. 한두 번의 좌절은 나를 성공으로 이끄는 단련이라고 생각하고 포기하지 않는 마음을 가져야 할 것 같다. 실패를 받아들여 어떻게 외양간을 고치면 다음번에는 성공할 수 있을까 궁리하는 습관을 들여 보자. 이런 습관을 가진 사람에게는 소망을 이루는 성공이 외면하지 않을 것이다.

이런 말을 하기는 쉽지만 실패의 좌절을 이기기란 누구에게나 힘들고 어려운 일이다. 힘들다고 해서 쉽게 포기하거나 좌절해 버린다면 성공은 더 멀리 달아나고 말 것이다. 소 잃고 외양간 고치는 일을 게을리하지 말아야 할 것 같다. 소망의 성취는 준비된 사람에게만 찾아오는 정직한 결과이니 우리 마음에 있는 게으름을 원반던지기 선수가 원반을 멀리멀리 던지듯이 던져 버리고 정직한 결과를 믿자.

세월이 약이고
모르는 게 약이다

'세월이 약이다', '모르는 게 약이다'는 모두 사람들의 기억과 연관된 속담이다. 기억이란 '과거의 사물에 대한 것이나 지식 따위를 머릿속에 새겨 두어 보존하거나 되살려 생각해 낸 것'이다. 우선 우리가 기억을 어떻게 저장하고 떠올리는가를 간단히 설명해 보면 이렇다.

사람들은 오감을 통하여 자극을 받으면 모든 정보를 정보 전달 회로를 통해 대뇌에 있는 세포에 저장을 한다. 기억이라고 하는 것은 이 저장되어 있는 정보들을 의식 수준으로 찾아내는 일이다. 이것은 그 체계를 가장 단순하게 설명한 것이고 이를 바탕으로 많은 변수들이 작용하여 저장되고 기억된다.

우리가 기억에 문제가 있다고 할 때는 오감에 문제가 있어

삶 만큼 살았다는 보통의 착각

주변으로부터 받는 정보를 받지 못하는 경우가 있고 오감에는 문제가 없지만 전달하는 신경 체계에 문제가 있어도 기억과는 멀어지게 된다. 설령 오감과 전달 회로가 이상이 없다고 하더라도 그 정보를 받아 저장할 뇌세포에 문제가 있다면 그 또한 기억에 문제가 있을 것이다. 마지막으로는 저장된 기억을 회상하기 위해 자극을 주어도 회상된 내용을 의식 수준으로 옮겨 오는 회로가 탈이 나 있다면 이 또한 기억에 문제가 생길 것이다. 그런데 '세월이 약'이라고 했는데 이 속담이 왜 기억과 연관이 되는 것일까? 아마도 이 말은 '아무리 괴롭거나 슬픈 일도 시간이 흐르고 나면 자연스레 잊힌다'는 뜻이리라.

약이란 사람들의 질병이나 고통을 치유하기 위해 만들어진 물질인데 세월이란 것은 눈에 보이지도 않고 물질도 아닌데 어떻게 약이 된단 말인가? 짐작건대 사람이 가진 마음의 고통도 시간이 지나면 그 고통의 농도가 희석되어 고통을 처음 받던 때의 그 고통보다는 점점 희석되어 종국에는 망각되고 말 것이다. 이처럼 약이 주는 약리 작용이나 세월이 주는 약리 작용이 같으니 세월이 약일 수밖에 없다.

그런데 내가 치료하는 정신장애자 가운데는 이 세월을 약으로 활용하지 못해 병이 심해지는 환자들이 있다. 집착이 강한 환자들이다. 가령 자신에게 강한 고통의 경험을 준 어떤 사건이 있다고 생각해 보자. 많은 사람은 처음에는 분노하고 억울해하고 평생 잊지 못할 것 같은 적개심을 지니고 있지만, 세월이 지남에 따라 그 세월이 약이 되어 분노가 점점 희석되고 나중에는 있는 둥 마는 둥 망각 속으로 빠지게 된다. 그러나 집착이 강한 환자들은 세월이 가면 갈수록 그 억울함이나 분노의 경험이 더 견고히 쌓여 자기 나름의 체계를 형성하고 사는데, 이는 편집증이나 망상증 환자에서 많이 볼 수 있다.

세월이 약이라는 통찰을 갖고 살아가는 사람은 세월을 잘 활용하여 정신 건강을 유지하는 사람일 것이다. 집착이 심하여 분노와 적개심에 매몰되어 일생을 살아간다면 그보다 불행한 일이 어디 있겠는가. 세월이 약이란 것을 모르거나 알아도 거부하고 살아가는 사람들에게 이런 불행이 많이 일어난다.

약이 한 가지 더 있다. '모르는 게 약'이다. 얼핏 들었을 때는 아는 것이 약이지 왜 모르는 게 약일까 궁금했다. 지식이 약이라면 지식이 많을수록 약이 될 텐데 모르는 게 약이라니 언뜻 이해하기 어렵다. 내 경험 하나를 소개한다면 이해에 도움이 될는지 모르겠다. 2019년도 청와대 민정수석과 법무부 장관을 지낸 조국과 연관된 사건들 때문에 일 년 내내 시끄러운 적이 있었다. 나는 이 사태에 대하여 특별한 관심은 없다. 다만 조국이 서울대학교 교수로 계셨기 때문에 나도 교수로 일생을 보낸 사람이라서 그 부분만 관심이 있었다. 그해 추석 연휴를 맞아 3일 동안 잠자고 밥 먹는 시간을 제외하고는 흔들의자에 앉아 텔레비전을 틀어 놓고 뉴스만 들었다. 뉴스의 주제는 조국 사태로 꽉 차 있었다.

3일 동안 듣고 나니 심한 두통이 생겨 혈압을 쟀더니 200이 훨씬 넘는다. 평소에 고혈압은 있지만 오래도록 잘 관리하여 정상 수준에 가깝게 유지하고 있었는데 200이 넘다니 갑자기 불안해졌다. 불안도 불안이지만 신체적으로 두통이 아주 심했다. 병원을 찾아가 응급치료도 받았으나 안정이 되지 못하여 정밀 검사를 받기로 하고 MRI 등 연관되는 검사를 모두 해 보았지만 특별한 이상이 없단다. 그렇다면 그 3일 동안 집중적으로 듣고 있었던 조국 사태의 자극 때문일 것이다.

나는 교수로서 그가 한 교수로서의 행동에 관해 관심을 갖고 나 나름대로 생각하는 바는 있으나 서초동이나 광화문에 가서 그를 지지하지도 반대하지도 않았다. 내 생각이 이런데도 혈압이 그토록 오를 만큼 자극을 받다니 신기하다. 그래서 일주일 동안 텔레비전을 끄고 살았더니 혈압이 원 상태로 돌아갔다. 심리적인 자극이 그만큼 컸다는 것이다. 이런 체험을 두고 보면 모르는 게 약이라는 속담도 귀에 쏙 들어온다.

컴퓨터가 처음 나왔을 때 강습소에 수강생으로 등록하고 배우기 시작했는데 지금도 잊지 못하는 강사님의 설명 하나가 있다. "컴퓨터는 정보의 바다입니다." 컴퓨터는 정보를 많이 수용하고 있다는 뜻일 텐데 바다에 비교했으니 그땐 과장을 해도 참 많이 과장된 말이구나, 라고만 생각했다. 요즘 컴퓨터가 저장하고 우리에게 알려 주는 정보를 보면 정보의 바다라는 말이 실감난다. 그냥 바다가 아니고 청정한 바다도 있지만 오염투성이 바다도 함께 있다. 이 오염된 바다의 정보는 정말 몰라도 될 것들이니 모르는 게 약이라는 말이 딱 알맞다. 내 경험만 보아도 몰라도 될 조국에 대한 정보를 사흘 동안이나 듣고 있었으니 모르는 게 약이란 말을 실제적으로 받아들이지 않고 있었던 탓이다.

컴퓨터 안에도 우리에게 쓰임새가 유용한 정보들만 있으면 얼마나 좋을까? 하지만 짓궂은 사람들이나 악의를 가진 사람들에 의하여 허위로 조작된 정보들도 많이 돌아다니고 있으니 스트레스가 아닐 수 없다. 이 같은 내용을 정화하기 위하여 많은 노력들을 하곤 있지만 그 오염도가 날로 심해지고 있으니 그로 인해 고통받는 사람들도 점점 늘어나고 있는 추세다. 이런 사실들을 지적하는 분들이 있지만 다른 한편에서는 그와 반대로 국민의 알 권리 운운하면서 잡다한 정보를 생산하여 유포시키고 있으니 안타깝다. 이런 분들에게 꼭 해 드리고 싶은 말은 알 권리가 있어야 하지만 몰라도 될 권리도 마땅히 있어야 한다는 것이다. 이를 규제할 방법이 있을까? 내 생각에는 별 방법이 없다. 자기 방어를 위하여 자기 자신이 알아야 할 권리와 몰라도 될 권리를 잘 구분하여 살아갈 수밖에 없다.

"기억력이 있다는 것은 훌륭한 일이다. 그러나 진정한 위대함은 잊는 데 있는 것이다"라고 E. 허버드 Elbert Hubbard(1856~1915)가 말했다. 이렇게 기억과 망각의 필요성을 상황에 맞게 구분하여 이해하는 게 누구에게나 쉬운 것이 아니고 보면 나처럼 몰라도 될 정보로 인해 지병을 얻거나 혈압이 오르는 사람들이 증가할 것이다. 몰라도 될 권리를 존중해 주었으면 좋겠다.

E. 허버드의 말처럼 좋은 기억력은 놀랍지만 망각하는 능력은 더욱 위대하다. 그래서일까, 하나님이 우리에게 준 가장 커다란 선물이 있는데 그게 바로 망각이다. 하지만 망각만이 능사는 아닐 것이다. 때에 따라서는 망각 아닌 망각도 우리의 일부분일 것이다. 그래서 신이 우리에게 선사한 선물 가운데 귀중한 선물이 망각이라지 않는가.

기적을 믿으라

　사람들은 일상생활을 하면서 어려운 일이 생기면 그것이 기적적으로 해결되기를 소망한다. 부적 같은 것을 몸에 지니고 다니면서 그런 기적을 바라기도 하고 종교를 믿는 사람들은 그 종교에서 주장하는 기적이 자기에게도 일어나기를 원한다.

　기적이란 '상식을 벗어난 기이하고 놀라운 일'이라고 사전에 정의되어 있다. 상식을 벗어났다는 말은 우리의 일상적인 생활에서 벗어난 경험을 이야기하는 것이리라. 기적은 누구나 이루어지기를 소망하는 것일 텐데 그런 소망은 이루어지기도 하고 이루어지지 않기도 한다. 그런데 생각해 보면 기적이란 있을 수 없는 것이다. 그 이유는 아무리 기적이라고 하더라도 그 역시 일상생활의 일부분이니 하늘에서 뚝 떨어진 일이

삶 만큼 설렜다는 버릇이 처라

아닐 것이기 때문이다. 그럼에도 사람들은 위기에 봉착하거나 간절한 소망이 있으면 비논리적이긴 하지만 기적이 자신에게 일어나기를 바란다.

작은 내 경험 하나를 얘기해 본다. 한국석불회를 만들어 돌부처에 대한 연구를 하기 위해 전국 방방곡곡을 돌아다닌 적이 있다. 한번은 국보인 마애불을 찾아갔는데 그 바위 위에 작은 암자를 짓고 또 하나의 작은 돌부처가 계셨다. 나는 이 돌부처를 찍기 위해 근처에 있는 암자를 찾아 주지 스님에게 사진 찍기를 허락해 달라고 요청을 드렸다. 그런데 의외로 거절을 하셨다. 대부분 내가 연구 목적으로 돌부처를 찍으러 왔다고 하면 승낙을 해 주셨는데 이 암자의 주지 스님은 단호히 거절을 했다.

나는 거절하시는 연유가 무엇인지 궁금해서 여쭈어 보았다. 주지 스님은 이 돌부처 사진을 찍은 사람치고 온전한 사람이 없었기 때문에 거절하는 거라고 하셨다. 온전하지 않다는 것은 그 사진을 찍은 사람이 불행해졌다는 뜻이다. 나는 이 비논리적인 설명을 듣고 스님에게 장난기 어린 대답을 하면서 사진 찍기를 다시 청했다. 장난스럽고 짓궂은 내 대답이란 이랬다. "스님, 나는 괜찮아요. 불행해지지 않습니다. 전국에 흩어져 계시는 돌부처님들의 가피를 받아 기적적으로 살아가는 사람입니다." 내 말은 주지 스님의 비논리적인 설명에 대한 지적이기도 했다. 주지 스님이 믿는 불교의 부처님이 나에게 기적을 주셔서 지금까지 불행해지지 않았다고 짓궂게 말한 것이다. 그래도 완강히 찍으면 안 된다고 말씀하셔서 더 승낙을 받고자 하는 것이 어려워 보여 그냥 올라가서 찍었다. 나의 이런 태도가 궁금했는지 주지 스님이 뒤따라오셔서 사진을 다 찍거든 암자에 와서 차 한잔하고 가란다.

나는 암자에 들러서 차 대접을 받았다. 주지 스님의 방을 살펴보니 한구석에 복주머니가 많다. "저 복주머니 안에 무엇이 들어 있나요?" 부적이 들어 있단다. 내가 또 물었다. "그 부적은 신통한 기적을 이룹니까?" 자꾸 파고드는 내 질문에 스님은 점점 진지한 태도로 이렇게 말씀하셨다.

"이 종이 한 장에 무슨 신통한 기적이 있겠습니까?" 그런 말씀은 의외였다. 이 부적을 복주머니에 담아 신도들에게 나누어 주면 고마워한단다. 그래서 복주머니를 많이 만드셨단다. 나는 말이 통하는구나 싶어 주제넘게 이런 제안을 해 보았다. "복주머니에 든 부적은 신도들을 모으는 데 사용하시고 일단 신도들이 모이면 부처님 말씀을 올바르게 가르쳐 주신다면 얼마나 고마운 주지 스님이 되시겠습니까?" 내가 이 말을 한 뜻은 복주머니에 든 부적이 기적을 이루는 것이 아니라 부처님 말씀이 우리가 소망하는 더 진실한 삶을 기적으로 주실 것이라고 생각했기 때문이다.

기적에 대한 또 다른 한 경험은 내 선배 교수로부터 얻게 된 것이다. 이분은 기독교 학과 교수이고 목사 안수를 받아 교목으로 근무하고 계시던 서광선 교수님이다. 나는 기독교에 대하여 궁금한 것이 있으면 이 선배 목사님을 찾아가 진솔한 이야기를 많이 나누었다. 종교적으로 기적을 많이 이야기하지만 내가 생각하고 있는 기적을 크게 벗어나지는 않았다. 물론 기독교뿐만 아니라 많은 종교에서 기적을 언급한다. 그러나 우리 일상생활을 돌아보며 삶의 궤적을 따라가 보면 기적이 따로 있는 것이 아니다.

선배 교수님은 사모님도 같은 학교에서 교수로 봉직하셨는데 1년여 전에 병원에서 간암이라는 진단을 받고 항암 치료를 계속했다. 당시 항암제는 항암 효과보다 그 약의 부작용을 이겨내기가 참 힘든 약이었다. 1년여 기간 치료를 받는 동안 항암제의 부작용으로 머리가 다 빠지고 손톱도 다 빠지고 고통이 이루 말할 수 없었다.

선배 교수님은 사모님의 여생이 얼마 남지 않았다는 것을 직감하고 학교에 사직서를 냈다. 사직을 하고 사별할 때까지 그동안 나누지 못한 이야기들을 하면서 함께 지내기 위해서였다. 두 분은 미국으로 여행을 떠났다. 미국에는 친척들이 살고 있었기 때문에 세상을 하직하기 전에 친척들도 만나고 하고 싶은 말도 서로 나누고자 가셨단다. 미국에 사는 친척들은 이런 선배 교수님의 사정을 듣고 기왕 미국에 왔으니 다른 병원에서 한 번 더 진찰을 받아 보는 것이 어떻겠느냐고 권했다. 선배 교수님은 유명 대학병원을 찾아 다시 검진을 했다. 검진 결과, 흔히 말하는 기적이 일어났다. 정밀 검사한 결과에 의하면 간암이 아니었다. 이런 기적을 받은 선배 교수님은 하나님께 감사 기도를 드렸다. 그리고 항암 치료를 중단하고 몇 달이 지나서 사모님은 건강을 회복하셨다.

기적이란 말을 했지만 애초에 한국에서 받았던 간암이라는 진단은 오진이었다. 선배 교수님 부부는 기적은 감사하나 지난 1년여 동안 항암 치료를 하는 동안 받았던 고통에 대한 분노를 삭이지 못하여 나를 찾아왔다. 나는 선배님의 그 분노를 이해하고 공감했다. 그리고 나는 선배님에게 기독교인들에게 하고 싶은 말을 담아 말씀드렸다. "선배님, 하나님의 은총으로 사모님에게 기적이 일어난 것입니다." 이런 말로 위로했지만 선배님은 기적은 인정하지만 분노를 삭일 길이 없단다. 선배님은 의료사고로 문제를 삼아 다시는 이런 일이 없도록 해야 하지 않겠는가, 라는 뜻으로 그 담당 의사를 처벌해야 한다고 생각했다. 나 또한 그 분노를 공감한 이상 의료사고에 대해 시비를 가리겠다는 선배님의 결심을 말릴 길은 없다.

그래서 이런 말씀을 드렸다. "하나님은 이미 선배님에게 기적을 주셨는데 그 기적을 주신 데는 그 담당 의사를 용서하라는 뜻도 들어 있을 것입니다." 기독교인답게 나의 이 말이 가슴에 와 닿았나 보다. 어떻게 용서하면 좋을까, 라는 물음을 여러 번 되풀이하시면서 그분이 발견한 용서의 방법은 이랬다. 간암이라고 오진한 것은 고의적으로 한 것이 아닐 테니 그분의 능력이 당시로서는 구분을 하지 못했을 뿐이 아니겠는가? 생각이 여기에 미치자 용서의 방법을 찾게 되었다. 그분을 좀 더 선진적인 의료 기관에 보내어 지식과 경험을 더 쌓도록 도와주는 식으로 용서를 하기로 하셨단다.

누구나 자신에게 기적이 일어나리라 믿고 싶어 한다. 하지만 내 생각에는 이 기적 또한 일상에서 벗어난 별난 결과는 아닐 것이다. 조금 생소하게 보이고 다행스럽게 보일지는 모르지만 우리가 믿고 싶어 하는 그런 기적은 없다. 그럼에도 '기적을 믿으라'고 말씀을 드리는 나의 뜻은 이것이다. 위에 든 예화처럼 기적을 믿고 범사에 감사할 수 있는 마음이 생긴다면 이 또한 기적이 아니겠는가 말이다.

질투는 자기 생애를
깎아 먹는 낭비다

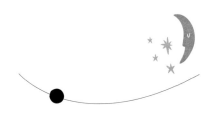

    사람은 관계를 떠나서는 이 세상을 살아갈 수 없는 이른바 사회적 동물이다. 어떻게 살아가야 될까? 어떤 관계를 가지고 살아야 될까? 이는 더불어 함께 살아가는 모든 사람의 과제일 것이다.

    이 가운데 다른 사람에게 칭찬받고 싶고, 인정받고 싶고, 사랑받고 싶은 욕망은 누구에게나 있는 보편적인 욕구다. 그렇지만 카렌 호나이 Karen Horney(1885~1952)라는 학자는 이런 보편적인 욕구도 지나치면 병이 될 수 있다며 그런 경우를 개념화해 신경증적인 욕구 Neurotic Need라고 불렀다. 그럼에도 많은 사람들이 이 경계를 넘어서서 과도한 욕심을 가진다. 그리고 그 욕심을 충족시키기 위해 행동으로 옮긴다. 누구든지 이렇게 행동으로 옮겨진다면 그게 바로 정신증적 질병으로 발전하게 되는 것이다.

여기에서 지적하고 싶은 핵심적인 말은 '만'이다. 바로 나'만' 사랑해 달라는 것이다. 나 이외에는 어떤 사람도 사랑해서는 안 된다며 경계를 짓는 말이다. 일반적으로 통용되는 질투의 사전적 정의는 '자신이 좋아하는 사람이 다른 사람을 좋아하는 것을 샘을 내고 미워하거나 싫어함'이다. 그런데 질투의 끝은 이 정도가 아니라 나'만' 사랑하라는 그 '만' 자에 달려 있다. 자신이 홀로 완벽한 관심을 받기 원하는 것이다. 이런 사람은 99명의 관심에는 만족하지 못하고 한 사람의 무관심에 더 분노한다. 그러니 이 '만' 자로 인하여 문제가 발생하지 않을 수가 없다.

일상생활을 하면서 하루 종일 자기만 생각하고 있는 배우자가 있을 수 있겠는가? 직장 일도 보아야 하고 만나는 사람도 접대해야 되고 이런 바쁜 시간에 어떻게 배우자만을 생각하고 있을 수 있겠는가? 그것도 생각만이 아니라 사랑해야 한다고 하니 이미 전제 자체가 불가능한 욕구다.

한 부인은 남편이 국가 공무원으로 고위직에 있었던 분인데 퇴근을 하면 5분이 늦어도 그 5분 동안 무엇을 했는지 이실직고하라고 채근한다. 퇴근 후 친구들과의 약속도 물리치고 일찍 온 남편으로서는 억울할 것이다. 사람이 시계가 아닌 이상 조금의 시간은 늦을 수도 있지 않겠는가. 그러나 이 부인은 5분 동안의 시간에 자기 말고 다른 여성과 불륜을 저질렀다고 확고한 예단을 갖고 남편을 몰아붙이는 것이다. 질투다.

이런 경우도 있다. 중년의 한 남자는 자기 아내가 자기가 없는 사이에 다른 남자와 불륜 관계를 맺고 있다는 망상을 가지고 있었다. 이 남자가 아내에게 질문하는 내용은 "지금 무슨 생각하고 있어?"이다. 사람은 상황에 따라 이런 생각도 하고 저런 생각도 하고 지금 당장 나에게 떨어진 일을 해결하기 위해 생각하기도 하고 친구를 만나면 그때 그 시절을 생각하면서 수다를 떨기도 한다. 말하자면 생각이란 끝도 없고 경계도 없다. 그런데 그 남자는 아내에게 한 치의 틈도 주지 않고 자기만을 생각하라는 뜻이다.

사람이 행동으로 하는 것은 우리가 눈으로 보고 지각할 수 있기 때문에 그렇게 하라든지 하지 말라든지 하는 말을 하는 것은 일상적으로 허용되는 부분이다. 하지만 다른 사람이 생각을 하는 것을 놓고 오로지 자신만을 위한 생각으로 하루 종일 지내라고 한다면 그것이 가능한 일일까? 가능하지가 않다. 이 가능하지 않은 일을 하루 종일 한 달 내내 몇 년 동안 반복해서 요구한다면 그 배우자는 견디기가 무척 어려울 것이다.

내가 경험한 이런 몇 분의 배우자들의 말을 들어 보면 놀랍다. "저 사람은 나를 너무 사랑해서 그래요." 참 인연 있는 부부다. 상대방이 그렇게 질투로 자기 자신을 옭매는 것을 배우자는 자기를 극진히 사랑해서 그렇다는 것으로 착각하고 살고 있으니 놀라지 않을 수가 없다. 말하지 않더라도 그 배우자가 말하는 극진한 사랑은 사랑이 아니다. 이렇게 설명을 하다 보니 질투란 부부 관계에서만 존재하는 것처럼 오해될 수 있으나 인간관계에서 어떤 상황에서도 일어날 수 있다는 것을 잊지 말아야 할 것이다.

질투는 부러움에서부터 시작한다. 부러움이 부정적인 방향으로 길을 잡는다면 질투로 발전할 것이고 질투의 미래는 망상이 기다리고 있다. 이런 망상을 하는 사람은 자기가 자신의 마음을 갉아먹는 해충을 거느리고 있는 사람이다. 질투는 참 무서운 해충이다.

이런 생각을 하다 보면 엉뚱한 생각이 하나 든다. 신도 질투를 할까? 신이란 전지전능한 권능을 가진 존재인데 그들도 세속적인 인간들처럼 질투를 할까 궁금해진다. 그래서 검색을 해 보니 그리스 신화에 헤라Hera 신이 나오는데, 헤라는 남편인 제우스 신의 바람기에 노심초사한다.

힌두교의 신 가운데 비슈누 신의 질투도 재미있는 설화로 남아 있다. 원래 힌두교는 다신교이지만 삼대 신으로 대표되는 신이 있는데 비슈누 신은 창조된 우주 만물을 관리하는 역할을 맡은 신이다. 그에게는 3명의 부인이 있었는데 락슈미

Lakshmi, 사라스바티 Sarasvati, 강가 Ganga였다. 락슈미의 질투가 폭발하여 사라스바티는 브라만 신에게 보내고 강가는 시바 신에게 내쫓듯이 보냈단다.

신들도 사람처럼 이런 질투의 화신들이 많았으니 사람의 질투야 말해서 무엇 하겠는가. 셰익스피어의 유명한 희곡 중에 「오셀로」도 처음에는 간단한 궁금증과 의심에서 시작하여 망상으로 이어지면서 자기 파멸에 이르는 비극이다. 조선왕조에서는 연산군의 폭거가 역사적 기록에 많이 남아 있으나 그 폭거의 배후에는 그의 어머니인 폐비 윤 씨의 질투가 크다. 기록에 의하면 성종의 처는 모두 왕후 3명, 후궁 12명이었다고 하니 이 여인들 사이의 질투가 말하지 않아도 짐작이 된다. 질투는 여인들의 전유물이 아니다. 신들도 갖고 있고 남자들도 갖고 있으니 어느 특정한 사람이나 계층에서만 볼 수 있는 것이 아니다.

질투는 인정받고 사랑받고자 하는 욕구가 신경증적으로 과도해져서 생기는 것이기 때문에 건강한 사람일지라도 상황에 따라 질투의 화신으로 변할 수 있다는 점을 항상 명심하고 살아야 할 것 같다. 다시 한 번 강조하면 질투는 자기 자신의 마음을 갉아먹는 지독한 해충이다. 그래서일까, 이런 명언도 전하고 있다. '남을 미워한 결과로 받게 되는 대가는 자신에 대한 사랑의 부족이다.' 엘드리지 클리버 Eldridge Cleaver(1935~

1998)의 이 말을 풀어 보자면 질투의 밑바닥에는 자기 자신에 대해 성적 정체감이 아주 약한 그 열등감이 깔려 있다. 자기 자신의 성 정체감이 약하면 약할수록 배우자로부터 자기의 성 정체감을 확인받으려고 애를 쓴다. 그러니 성 정체감이 약한 사람일수록 반복해서 확인하고 싶어 하고 그게 길어지면 질투가 되고 망상이 된다.

이런 유태 속담도 전한다. '질투는 천 千의 눈을 가지고 있다. 하지만 하나도 올바르게 보지 못한다.' 이는 질투라는, 결론을 이미 내려놓는 그 확고한 의심에 파묻힌다면 다른 것은 눈에 보이지 않는다는 말일 것이다. 질투란 그래서 가까이 해서는 안 될 무서운 해충이다. 그럼에도 질투가 우리의 마음 한구석에 자리 잡고 스멀스멀 아지랑이처럼 피어오르는 이유는 무엇일까?

노인이 되어도 이 일이
정말로 내게 중요할까?

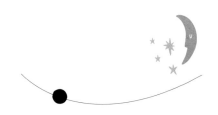

비가 온다. 연구실 앞 창문, 세심정 처마에서 떨어지는 낙
숫물 소리. 바람에 흔들흔들 손짓하는 나뭇잎을 바라보며 오
늘은 어떤 내용으로 글을 써 내려갈까 곰곰이 생각에 잠긴다.
떠오르는 글이 있어 써 본다.

자녀들이 초등학교에 다닐 때 막내아들로부터 이런 질문
을 받은 적이 있다. "아빠는 도대체 뭐 하는 사람이에요? 의사
예요, 교수예요, 화가예요, 문학가예요, 도자기 만드는 사람이
에요?" 이것들 말고도 들은 말이 많다. 이 말은 내가 벌려 놓고
하는 일들이 자기 눈에는 너무 많아서 주된 내 직업이 무엇인
지 모르겠다는 뜻이다. 되돌아보면 내가 어린 막내에게 오해
할 만한 행동을 했던 게 분명하다.

삶 만큼 살았다는 보통의 착각

아침에 병원으로 출근을 하니 의사이고 교수임에는 틀림이 없는데 집에 돌아와서는 도자기를 만든다고 방을 어지럽혀 놓으니 그런 오해를 사고도 남는다. 돌이켜 보면 이렇게 많은 일을 하는 사람치고 무엇 하나 똑똑히 잘하는 일이 없다고 했는데 내가 꼭 그 꼴이다. 달리 생각하면 내가 에너지가 넘쳐서 역동적으로 일하던 모습이 그렇게 비쳤을 수도 있겠구나, 싶지만 변변히 잘하는 것도 내세울 것도 없다. 그런 여러 잡기들도 나에게는 한때의 것들이었다. 막내가 지적하듯이 여러 가지를 해 보았지만 꾸준히 한 것은 없다. 얼마간 취미로 즐기다가 또 다른 취미로 바꾸어 가고 그 취미도 할 만큼 하면 또 다른 취미로 옮겨 갔다. 나이나 상황에 따라서 이렇게 변화해 간 것을 모르고 내 행동의 외관만 보고는 참 일을 많이 하는 사람이구나, 라고 느꼈을 법도 하다. 하지만 나는 그런 일들을 같은 시간에 함께 벌려 놓지는 않았으니 내가 남들보다 더 에너지가 많고 역동적이라는 평을 받기에는 미흡하다.

많은 세월을 지나 놓고 보니 그 일들 모두가 한때의 일이었구나, 라는 생각이 든다. 어릴 때는 어릴 때 심취한 일이 있고 학생 때는 그때 나름의 심취한 일이 따로 있었다. 가정을 이루고 장년기의 생활을 하다 보니 어릴 때나 학창 시절과 또 다른 일들이 기다리고 있었다. 이 말은 일생 동안 한 가지 일만을 갖고 세월을 보내기란 어렵다는 이야기다. 옛날에는 직장을 하나 잡으면 그게 평생의 일이라고 생각을 했는데 요즘 사람들은 자기가 가진 직업이나 하는 일이 평생 일이라고 생각하는 경우가 과거에 비해 상대적으로 줄어들고 있는 것 같다. 그렇다면 내가 걸어온 길을 보면 일관된 것은 정신과 전문의로 환자를 돌보는 일이었고 세월이 흐름에 따라 이것저것 외도를 해 본 것은 곁가지이지 내 본래의 주된 업무는 아니다. 주된 업무를 하면서 이곳저곳 기웃거려 본 것도 지금 생각하면 사람의 마음을 이해하려는 정신과적인 내 궁금증과 무관하지 않다. 외견상 보기에는 전혀 다른 행위인 것 같아도 정리해 보면 인간의 정신을 탐구해 보고자 하는 비슷비슷한 곁가지였을 뿐이다.

최근에 김동길 교수님의 유튜브를 들은 적이 있는데 주제는 한국인의 우수한 역동성에 대한 것이었다. 요약하면 일본 사람들은 전통이라는 관습에 얽매여 한 가계에서도 몇 대를 내려가면서 전승을 하는데 그것이 일본의 사회 발전을 저해하는 요인이라고 지적하셨다. 예를 들면 우동집을 하는 가정이 있다면 이 우동집은 선대부터 대대로 내려오는 전통 음식점이라는 것이다. 이에 비해 한국 사람들은 그런 전통을 좇기보다는 현재의 사회·경제적인 신분 상승을 위해 역동적으로 변신한다는 것이다. 같은 음식점의 예를 들면 일본 사람들은 몇 대를 이어 내려오고 있는 것을 자랑으로 생각한다면 한국인은 음식점을 하면서 얻은 돈과 경험을 바탕으로 더 미래성이 있는 또 다른 직업을 선택하여 개척해 나간다는 것이다. 이 미래에 대한 역동성이 다른 나라 사람들에 비해 우리나라 사람들이 더 우수하다고 설명해 주셨다. 전통을 고수하는 것이나 역동적인 변화를 통해 새로운 것을 지향하는 것이나 모두 일장일단은 있겠지만 그 결과는 세월이 흐르고 흘러 어느 시점에 가면 어느 쪽이 역사적 발전을 위해 더 기여했는지로 알 수 있을 것이다.

우리가 살아가는 동안 우리에게 영향을 주는 주변 상황은 과거를 살아왔던 선조들의 당시 상황과는 많이 다를 것이다. 이와 같은 맥락에서 지금 우리가 영향을 받고 있는 주변 상황에 비하여 미래의 우리 후손들이 받을 상황은 많이 달라져 있을 것이다. 사람들은 주어진 상황에 적절히 적응하여 살아남기도 하고 변화해 가면서 새로운 문화를 창출해 내기도 한다. 이런 점에 동의한다면 현재의 잣대로 과거를 설명하는 것도 무리이지만 아직 닥치지도 않은 미래에 어떤 상황이 올지도 모르는 것을 두고 지금의 잣대로 재단하는 것 역시 무리가 있다. 그래서 생각해 본 것인데 내가 젊었을 때 나에게 주어진 상황에 적응했던 게 옳다고 여겨 지금은 과거에 비해 많이 달라진 상황이 내게 주어졌는데도 여전히 과거의 생각을 고집하면서 살아가는 것이 옳은 일일까?

사회 일각에서나 청문회에서 보면 옛날에 당신은 이런 이야기를 했는데 지금은 전혀 다른 소리를 하니 신뢰할 사람이 못 된다고 평가하는 것을 많이 보았다. 누군가가 말했듯이 "정치는 생물이다"라는 말은 참 오묘한 표현이다. 생물은 자라면서 똑같은 상황에만 노출되어 살아가는 것이 아니다. 세월이 흐르면서 성장 과정을 겪다 보면 전혀 다른 새로운 상황에 노출되는 경우가 많을 텐데 과거에 적응했던 그 경험을 여전히 고집할 수 있겠는가? 그래서 정치를 생물에 비유했나 보다. 정치는 현실이다. 그러니 정치란 현실의 주변 상황에 영향을 가장 많이 받는 것일 테니 생물에 비유한 것은 적절하다.

상황에 따라 어릴 때는 어린이 같은 말이 적합할 테고 학생 때는 학생이 처해 있는 상황에 따라 적응하는 말이 따로 있을 것이다. 그렇다면 소위 나이 든 어른이 된 장년이나 노인이 상황에 적응하여 표현하는 말이 어릴 때나 학생 때나 같은 수준이라면 어찌 어른이라고 할 수 있겠는가. 그렇다면 어른이 상황에 적응하여 그리고 적응하면서 후배들에게 보여 줄 말과 행동은 어떤 수준이어야 할까? 이런 화두를 마음에 새겨 보아야겠다. 교과서 같은 일정한 기준은 없겠지만 어른다움이 젊은이들에게 모범이 되려면 어른다움 역시 우리가 가꾸어 나아가야 할 적응의 한 항목이 아닐까 생각해 본다. 잘 가꾸어지지 않은 노인은 나이 든 늙은이일 뿐 어른은 되지 못할 것이다.

노인이 되어도 지금 하고 있는 이 일이 나에게도 중요하고 타인에게도 중요한가를 항상 마음에 두고 나이 들었다고 꼰대가 되지 말고 나이 들었다고 뒷방 늙은이가 되지 말고 어른다움을 가꾸어 나간다면 그는 이미 젊은이들로부터 대접받는 어른이 되어 있을 것이다.

살 만큼 살았다는 보통의 착각

나이가 들수록 세상이 두려워지는 당신에게

초판 1쇄 발행　2021년 12월 10일
초판 2쇄 발행　2022년 3월 15일

지은이 이근후

펴낸이 신민식
펴낸곳 가디언
출판등록 제2010-000113호

주소 서울시 마포구 토정로 222 한국출판콘텐츠센터 306호
전화 02-332-4103
팩스 02-332-4111
이메일 gadian@gadianbooks.com
홈페이지 www.sirubooks.com

출판기획실 실장 최은정
편집 김혜수　**디자인** 이세영
경영기획실 팀장 이수정

종이 월드페이퍼　**인쇄 제본** (주)한영문화사

ISBN　979-11-6778-016-4 (03180)